D1674930

Du bist eingeladen
Alle Gleichnisse Jesu vom Reich Gottes

Du bist eingeladen

Alle
Gleichnisse
Jesu vom Reich
Gottes

Herausgegeben von
Maria Jepsen
Walter Kasper
Walter Klaiber
Eduard Lohse
Paul-Werner Scheele
Theodor Schober
Theo Sorg

Redaktion
Johannes Hasselhorn

Kreuz Verlag
Verlag Katholisches Bibelwerk

Inhalt

Vorwort

Was hat Jesus zu den Menschen seiner Zeit gesagt? Und welche Bedeutung haben seine Worte für uns heute? Das sind Fragen, die viele Menschen stellen – nicht nur innerhalb der Kirche, sondern auch außerhalb ihrer Mauern. Denn es hat sich ein Bewusstsein dafür erhalten, dass dieser Jesus von Nazareth, der um seiner Verkündigung willen in den Tod gegangen ist, in unvergleichlicher Weise die Wahrheit gesagt hat und für sie eingestanden ist. Um die Wahrheit aber muss es auch uns zu tun sein, um für unser eigenes Leben und die Gemeinschaft mit anderen festen Grund zu finden.

Jesus sprach zu seinen Jüngern und zu der Menge des Volks in Gleichnissen – »und ohne Gleichnisse redete er nicht zu ihnen« (Mt 13,34). So berichten die Verfasser der Evangelien, die aufgezeichnet haben, was man von Jesus zu berichten wusste. In Geschichten, die unmittelbar aus dem Leben genommen waren, und in Bildern, die jeder Hörer verstehen konnte, suchte Jesus zu verdeutlichen, dass Gott unmittelbar in die Wirklichkeit menschlichen Lebens hineinspricht. Dabei ist von Erfahrungen die Rede, die jeder Mensch macht – von oft vergeblichem Mühen, von der Suche nach dem Sinn allen Tuns, von dem vielfach schwierigen Verhältnis zwischen Alt und Jung und schließlich auch von der Stunde des Todes, in der sich noch einmal die Frage nach dem Woher und Wohin unserer Wege stellt.

Die geprägte Rede in Gleichnissen hat sich dem Gedächtnis ihrer Hörer tief eingeprägt. Sie verbürgt, dass zunächst in ihrer mündlichen Weitergabe und dann in den schriftlich festgehaltenen Berichten der Evangelisten die unverstellte und unverwechselbare Stimme Jesu zu hören ist. Über den

11

weiten Abstand der Zeiten meldet sie sich auch heute zu Wort, übermittelt uns eine für unser Leben wichtige Nachricht und wirbt um unsere Antwort. Ihre Worte vernehmen und sorgfältig bedenken, ist für uns alle wichtig und sollte nicht versäumt werden, wenn wir uns darum bemühen wollen, nicht nur oberflächlich in den Tag hineinzuleben, sondern nach Grund und Ziel unseres Lebens zu fragen.

In den Vorschlägen, die Jahr um Jahr für die tägliche Bibellese gemacht werden, ist jedes Mal ein ganzes Evangelium enthalten. Und in der täglichen Begleitung, die die ökumenische Bibellesehilfe »Mit der Bibel durch das Jahr« seit 1982 anbietet, sind die in den Evangelien überlieferten Gleichnisse Jesu jeweils ausgelegt und in ihrer Bedeutung für die Gegenwart bedacht worden. Dieser Band bietet eine repräsentative Auswahl aus diesen Erklärungen, die in gemeinsamem Hören auf das Wort Jesu katholische und evangelische Ausleger verfasst haben. Indem wir miteinander auf das Wort Jesu achten, werden wir uns unserer Zusammengehörigkeit bewusst und sind dankbar für die Gemeinschaft, zu der uns seine Botschaft zusammenführt.

Darum möchte diese Auswahl, die aus in 15 Jahren bewährtem gemeinsamen Bibellesen erwachsen ist, dazu helfen, die Verkündigung Jesu aufs neue zur Sprache zu bringen. Ihre Worte zu bedenken, werden alle eingeladen, die bereit sind, sich auf den Ruf einzulassen: »Wer Ohren hat, der höre.« Die hier vorgelegten Auslegungen möchten dazu helfen, still zu werden und die Anrede zu vernehmen, die uns aus dem Wort Jesu trifft. Sie wird nicht ohne Antwort bleiben – das ist unser Wunsch und unsere feste Überzeugung.

Für die Herausgeber   D. EDUARD LOHSE,
                                        Landesbischof i.R.

Die Gleichnisse bei Matthäus, Markus und Lukas

Jesu bildhafte Redeweise ist immer unterschiedlich beurteilt worden. Man hielt sie oft für naiv, der schlichten Lebensart Jesu angemessen. Heute sehen wir darin, vielleicht deutlicher als früher, eine hohe Kunst, von Gott so zu reden, dass die Welt zur Sprache kommt.

Die Gleichnisse Jesu sind Bildreden, die eine wesentliche Botschaft – das Reich Gottes – vermitteln wollen. Gleichzeitig sind sie so gefasst, dass das Hören unmittelbar eine Stellungnahme fordert: »Wer ist dieser Jesus und wer bin ich?« Es ist die Einladung zur Entscheidung für einen das ganze Leben dynamisierenden Prozess der Jüngerschaft, das heißt der Nachfolge Jesu. Jede Generation muss sich wieder neu einladen lassen und eine Antwort suchen: »Was ist hier gemeint? Wo liegt die Pointe des Gleichnisses?«

Unser Buch folgt der alten Kirche, die Texte so weiter zu geben, wie sie von den Evangelisten – Matthäus, Markus, Lukas – überliefert worden sind. Jeder war eine eigene Persönlichkeit, geprägt durch seine Sprache und Bildung; jeder lebte in einer anderen Gemeindesituation und Umwelt. Jeder musste die Jesustradition in seine Aufgabe übersetzen. Das war eine hohe, geistige und geistliche Leistung, die auch die Auswahl und Sprache der Gleichnisse prägt. Von Markus haben wir nur wenige Gleichnisse, Lukas bietet die überwiegende Mehrzahl. Manche werden von allen drei Evangelisten geboten, andere nur von zweien oder einem. Bei den Mehrfacherzählungen hat die Kirche auf einen Einheitstext verzichtet. Das war eine Entscheidung, die viel geistliche Weisheit zeigt: Wer einem Evangelisten folgt – im Zusammenhang mit seinem ganzen Werk –, wird dem Geheimnis

13

des Textes näher kommen, von ihm fasziniert, befreit und zum Sinn seines Lebens gebracht.

Wachstumsgleichnisse machen den Anfang. Sie wollen sagen, dass das Reich Gottes kontinuierlich und verborgen, Tag um Tag wächst, damals, heute und in Zukunft. Andere fordern, aus der Nähe des Reiches Gottes die hier erfahrbare Liebe Gottes in diese Welt zu tragen, oder sie ermutigen zum Warten in einer hektisch gewordenen Welt. Auffallend viele Gleichnisse reden von einer endzeitlichen Begegnung zwischen Gott und der Welt, das heißt von der Gewissheit, dass Gottes Liebe zum endgültigen Sieg kommt und das Böse nicht die Oberhand behält.

Die Liste der Gleichnisse ist erstellt in Anlehnung an Walter Kirchschläger »Einführung in das Neue Testament«, Verlag Kath. Bibelwerk 1995, Seite 53f.

Jesu Gleichnisse sind eine Einladung, auf den Originalton Jesu zu hören, durch den Tonfall von Matthäus, Markus und Lukas hindurch. Mischen Sie Ihre eigene Stimme hinein, so wie es die Auslegerinnen und Ausleger auf den folgenden Seiten auch versucht haben. Sie können Überraschungen erleben!

JOHANNES HASSELHORN

Reich Gottes

Wie wunderbar frei ist doch Jesus
in seinen Gleichnissen,
welch ständige Herausforderung für den Theologen:
es ist ganz einfach unmöglich,
auch nur das geringste System daraus abzuleiten.
Hier ist alles Gnade,
dort ruht alles in der Hand des Menschen;
hier ist alles Barmherzigkeit,
dort gibt es nur Forderungen;
dort ist alles nur Widerstreit
zwischen dem Widersacher und Gott,
hier hängt alles einzig und allein vom Vater ab;
hier ist bereits alles vollendet,
dort ist noch alles zu tun.
Und dennoch geraten wir niemals in einen Widerspruch,
denn die Gleichnisse beruhen nicht
auf irgendeiner abstrakten Wahrheit.
Sie schleudern uns geradezu hinein ins Reich Gottes,
für das wir blind sind –
und das uns nun plötzlich entgegentritt.

MICHEL BOUTTIER

Vom Sämann 1

Ein andermal lehrte er wieder am Ufer des Sees, und sehr viele Menschen versammelten sich um ihn. Er stieg deshalb in ein Boot auf dem See und setzte sich; die Leute aber standen am Ufer. Und er sprach lange zu ihnen und lehrte sie in Form von Gleichnissen. Bei dieser Belehrung sagte er zu ihnen: Hört! Ein Sämann ging aufs Feld, um zu säen. Als er säte, fiel ein Teil der Körner auf den Weg, und die Vögel kamen und fraßen sie. Ein anderer Teil fiel auf felsigen Boden, wo es nur wenig Erde gab, und ging sofort auf, weil das Erdreich nicht tief war; als aber die Sonne hochstieg, wurde die Saat versengt und verdorrte, weil sie keine Wurzeln hatte. Wieder ein anderer Teil fiel in die Dornen, und die Dornen wuchsen und erstickten die Saat, und sie brachte keine Frucht. Ein anderer Teil schließlich fiel auf guten Boden und brachte Frucht; die Saat ging auf und wuchs empor und trug dreißigfach, ja sechzigfach und hundertfach. Und Jesus sprach: Wer Ohren hat zu hören, der höre! MARKUS 4, 1-9

Gott ist am Werk!

Markus zeichnet Jesus als den Lehrer, dem das ganze Volk zuströmt, um die heilsame Lehre zu erfahren. Er macht Jesu Autorität sichtbar, wenn er zeigt, wie Jesus im Schiff sitzt. Diese Haltung gebührt dem bekannten Lehrer, während die hörende Menge stehend am Ufer verharrt.

Diese Schilderung ist mehr als ein historischer Bericht. Hier wird die Bedeutung Jesu vom Glauben her gemalt. Der Rahmen des Gleichnisses ist theologisch gefüllt: Derjenige, der hier lehrt, hat Entscheidendes, Endgültiges zu sagen. Wer Ohren hat zu hören, der höre jetzt!

Das Gleichnis selbst setzt die Besonderheiten des palästinischen Ackerbaus voraus. Man pflügt erst nach dem Säen. Daher sät man über den festgetretenen Pfad hinweg und in die Dornen hinein, da beides nachher umgepflügt wird. Daher kennt man auch die nur mit einer dünnen Humusschicht bedeckten Stellen beim Säen nicht.

Für das Verstehen des Gleichnisses scheint mir folgende Beobachtung am Text entscheidend zu sein: Das Missgeschick dieses Bauern wird sehr breit erzählt. Auf verschiedene Weise geht viel Samen verloren. Ein Ausleger überschreibt V.1-9: »Das Gleichnis vom geplagten Bauern.« Freilich: Das würde ein merkwürdiger Bauer sein, der so unachtsam säte, dass das meiste auf unfruchtbaren Boden fiele. Die Ernte ist überreich. Das will sagen: Gott kommt bei seinem Säen schon zu seinem Ziel. Sein Reich ist Segen und Fülle – allem Widerstand zum Trotz.

Im Mittelpunkt des Gleichnisses steht aber eher dies: Die Arbeit des Säens ist mühsam. Es gibt Misserfolg. Jesus erzählt breit den Widerstand, der sich gegen die Botschaft vom Reich Gottes erhebt. Mit Vögeln, Dornen und Felsen wird nüchtern gerechnet. Jesus sagt: So verhält es sich mit Gottes Handeln: Jetzt wird gesät. Da gibt es viele Widerstände gegen das Wachsen. Mancher Same verkommt. Wer aber Ohren hat zu hören, der kann Jesus so verstehen: Solcher Widerstand gegen die Botschaft setzt voraus, dass Gottes Reich im Anbruch ist! Wo solcher Widerstand aufbricht, da ist Gott schon längst am Werk. So sieht der Weg aus, den Gott mit seinem Reich geht. Gott wird das letzte Wort behalten. Allem Widerstand zum Trotz wird es eine herrliche Ernte werden.

> Mache mich zum guten Lande,
> wenn dein Saatkorn auf mich fällt.

Vom Sämann 2

Und er sagte zu ihnen: Wenn ihr schon dieses Gleichnis nicht versteht, wie wollt ihr dann all die anderen Gleichnisse verstehen? Der Sämann sät das Wort. Auf den Weg fällt das Wort bei denen, die es zwar hören, aber sofort kommt der Satan und nimmt das Wort weg, das in sie gesät wurde. Ähnlich ist es bei den Menschen, bei denen das Wort auf felsigen Boden fällt: Sobald sie es hören, nehmen sie es freudig auf; aber sie haben keine Wurzeln, sondern sind unbeständig, und wenn sie dann um des Wortes willen bedrängt oder verfolgt werden, kommen sie sofort zu Fall. Bei anderen fällt das Wort in die Dornen; sie hören es zwar, aber die Sorgen der Welt, der trügerische Reichtum und die Gier nach all den anderen Dingen machen sich breit und ersticken es, und es bringt keine Frucht. Auf guten Boden ist das Wort bei denen gesät, die es hören und aufnehmen und Frucht bringen, dreißigfach, ja sechzigfach und hundertfach. MARKUS 4,13–20

Verschiedener Boden

Jesu Gleichnisse sind mehr als pädagogische Hilfsmittel für seine Predigt. Anders als so kann man von Gottes Reich gar nicht angemessen reden. Das Gottesreich ist eine geheimnisvolle Sache, die oft das Bild sprengt und über das Verstehen hinausgeht. In seinen Gleichnissen geht Jesus einen Weg, auf dem er den Hörer mitnehmen will. Dieser soll sich ja selbst ein Urteil bilden, selber Wahrheit entdecken.

In V. 13-20 geht es um das Entdecken von Wahrheit in einer bestimmten Situation. Auslegung heißt ja: Überlieferung und jetzige Situation des Hörers müssen jeweils zusammenkommen. Den ersten Christen ging es nicht einfach darum, festzuhalten, was Jesus einst aus einem bestimmten Anlass gesagt hatte. Sie gaben sein Wort weiter, weil sie in ihm auch eine Antwort auf eigenes Fragen in bestimmten Situationen vernahmen.

Als die erste Gemeinde damals die frohe Botschaft Jesu verkündigte, machte sie die bedrückende Erfahrung: Es sind nur wenige, die dieser Botschaft Glauben schenken. Viele gehen an der großen Gabe Gottes achtlos vorüber. Woher kommt das? Die angefochtene Gemeinde fand eine Antwort in Jesu Gleichnis vom Sämann, das sie so verstand: Lasst euch durch diese negative Erfahrung nicht befremden. Es kann ja gar nicht anders sein. Seht doch, wie es beim Säen zugeht. Nicht jedes Korn bringt Frucht.

Wenn sich Verstehen so entzündet, dann beschränkt sich die Auslegung nicht nur auf einen Vergleichspunkt, wie das bei einem Gleichnis üblich ist. Dann werden auch die anderen Bilder Zug um Zug ausgelegt und ausgedeutet, wie das bei einer Allegorie der Fall ist. Die frühe Gemeinde hat Jesu Gleichnis in einer bestimmten Situation im Sinne einer Allegorie verstanden und entsprechend ausgelegt, um Gottes Angebot dringlich zu machen. Hat sie dabei den ursprünglichen Sinn des Gleichnisses Jesu getroffen? Da kann man verschiedener Meinung sein. Wichtiger aber ist die Erkenntnis: Wir dürfen uns durch Auslegungen – alte und moderne – nicht Jesu eigene Worte zudecken lassen. Es geht darum, unsere Auslegungen immer wieder an Jesu Worte zurückzubinden und an ihnen zu überprüfen. Aber ohne Auslegung bleiben Jesu Worte leicht außerhalb unseres Lebens. Da wollen sie aber hinein!

> Hilf mir, lieber Herr! Ich habe dein Wort gehört,
> es ist in meine Ohren gedrungen,
> es hat mein Herz berührt;
> aber hilf mir, dass es bleibt,
> wächst und Frucht bringt.

Vom Sämann 3

An jenem Tag verließ Jesus das Haus und setzte sich an das Ufer des Sees. Da versammelte sich eine große Menschenmenge um ihn. Er stieg deshalb in ein Boot und setzte sich; die Leute aber standen am Ufer. Und er sprach lange zu ihnen in Form von Gleichnissen. Er sagte: Ein Sämann ging aufs Feld, um zu säen. Als er säte, fiel ein Teil der Körner auf den Weg, und die Vögel kamen und fraßen sie. Ein anderer Teil fiel auf felsigen Boden, wo es nur wenig Erde gab, und ging sofort auf, weil das Erdreich nicht tief war; als aber die Sonne hochstieg, wurde die Saat versengt und verdorrte, weil sie keine Wurzeln hatte. Wieder ein anderer Teil fiel in die Dornen, und die Dornen wuchsen und erstickten die Saat. Ein anderer Teil schließlich fiel auf guten Boden und brachte Frucht, teils hundertfach, teils sechzigfach, teils dreißigfach. Wer Ohren hat, der höre!

Hört also, was das Gleichnis vom Sämann bedeutet. Immer wenn ein Mensch das Wort vom Reich hört und es nicht versteht, kommt der Böse und nimmt alles weg, was diesem Menschen ins Herz gesät wurde; hier ist der Samen auf den Weg gefallen. Auf felsigen Boden ist der Samen bei dem gefallen, der das Wort hört und sofort freudig aufnimmt, aber keine Wurzeln hat, sondern unbeständig ist; sobald er um des Wortes willen bedrängt oder verfolgt wird, kommt er zu Fall. In die Dornen ist der Samen bei dem gefallen, der das Wort zwar hört, aber dann ersticken es die Sorgen dieser Welt und der trügerische Reichtum, und es bringt keine Frucht. Auf guten Boden ist der Samen bei dem gesät, der das Wort hört und es auch versteht; er bringt dann Frucht, hundertfach oder sechzigfach oder dreißigfach.

Matthäus 13,1–9.18–23

Das Saatfeld

Dass Matthäus Jesu Bildreden vom Reiche Gottes mit dem Gleichnis vom Sämann beginnen lässt, ist in vielfacher Hinsicht tröstlich. Da ist einmal der Hinweis auf Gottes Großzügigkeit. Er kann es sich leisten, von vornherein 75 Prozent der Aussaat ohne Erfolg zu belassen. Denn ihm mangelt es nicht an Saatgut. Da ist zum andern der überwältigende Erfolg bei den verbleibenden 25 Prozent: bis zu hundertfältige Frucht! Ist das nicht die Ökonomie Gottes zu allen Zeiten? Er trampelt die Welt nicht fest zum Aufmarschfeld für eine großartige Demonstration, an der alle teilzunehmen haben, um einem Tyrannen zuzujubeln. Gott lässt den Menschen die Freiheit, auch nein zu sagen zu Gottes Anruf.

Es ist kein Zufall, wohin der Same des Wortes trifft: unter die Unverständigen oder unter die schnell Begeisterten oder unter die Satten, die trotzdem nicht ohne Sorgen sind, oder unter die Empfangsbereiten, die er damit vielfältig erquickt und für andere zu Segensträgern macht. Aber es liegt nicht an einer natürlich zu erklärenden Qualität des jeweiligen »Ackers«. Es ist vielmehr Gnade, wenn ein Mensch geöffnete Ohren hat. Es ist Gnade, wenn ein Gotteswort so tief in unser Herz fällt, dass es zu keimen beginnt, bevor der Zweifel zu wirken anfängt. Es ist Gnade, wenn Trübsal und Verfolgung um dieses Wortes willen nicht zum Ärger an Gott führen, sondern vielmehr die Sehnsucht nach dem Reiche Gottes nur um so brennender werden lassen. Dann bewährt sich der eingepflanzte Same als Anker, der verhindert, dass unser Lebensschiff hin- und hergerissen wird von wechselnden Winden.

Es ist Gnade, wenn sich Christlichkeit nicht zum Schönwetterglauben auswächst, der in sich zusammenfällt, sobald Sorgen, Krankheit und Ängste den Horizont verdunkeln.

Weder das süße Leben des Reichseins noch das Mehrhaben-
wollen der Armen darf an die Stelle des Zieles treten, zu dem
uns der Anruf Gottes aufbrechen heißt: Frucht zu bringen in
Geduld, damit auch andere durch uns Hilfe zum Leben erfahren. So ist die Geschichte des Reiches Gottes keine Leis-
tungsbilanz der Tüchtigen, sondern ein Wachstumsbericht
seiner Gnade.

> Mache mich zum guten Lande,
> wenn dein Samkorn auf mich fällt;
> gib mir Licht in dem Verstande,
> und, was mir wird vorgestellt,
> präge du im Herzen ein,
> lass es mir zur Frucht gedeihn.

Vom Sämann 4

*A*ls die Leute aus allen Städten zusammenströmten und sich viele Menschen um ihn versammelten, erzählte er ihnen dieses Gleichnis:

Ein Sämann ging aufs Feld, um seinen Samen auszusäen. Als er säte, fiel ein Teil der Körner auf den Weg; sie wurden zertreten, und die Vögel des Himmels fraßen sie. Ein anderer Teil fiel auf Felsen, und als die Saat aufging, verdorrte sie, weil es ihr an Feuchtigkeit fehlte. Wieder ein anderer Teil fiel mitten in die Dornen, und die Dornen wuchsen zusammen mit der Saat hoch und erstickten sie. Ein anderer Teil schließlich fiel auf guten Boden, ging auf und brachte hundertfach Frucht. Als Jesus das gesagt hatte, rief er: Wer Ohren hat zum Hören, der höre!

Seine Jünger fragten ihn, was das Gleichnis bedeute. Da sagte er: Euch ist es gegeben, die Geheimnisse des Reiches Gottes zu erkennen. Zu den anderen Menschen aber wird nur in Gleichnissen geredet; denn sie sollen sehen und doch nicht sehen, hören und doch nicht verstehen.

Das ist der Sinn des Gleichnisses: Der Samen ist das Wort Gottes. Auf den Weg ist der Samen bei denen gefallen, die das Wort zwar hören, denen es aber der Teufel dann aus dem Herzen reißt, damit sie nicht glauben und nicht gerettet werden. Auf den Felsen ist der Samen bei denen gefallen, die das Wort freudig aufnehmen, wenn sie es hören; aber sie haben keine Wurzeln: Eine Zeit lang glauben sie, doch in der Zeit der Prüfung werden sie abtrünnig. Unter die Dornen ist der Samen bei denen gefallen, die das Wort zwar hören, dann aber weggehen und in den Sorgen, dem Reichtum und den Genüssen des Lebens ersticken, deren Frucht also nicht reift.

23

Auf guten Boden ist der Samen bei denen gefallen, die das
Wort mit gutem und aufrichtigem Herzen hören, daran fest-
halten und durch ihre Ausdauer Frucht bringen.

LUKAS 8,4–15

Gottes Gnade überwindet alle Widerstände

Allen, die sich um die Ausbreitung des Glaubens bemühen,
weht ein gewaltiger Gegenwind in das Gesicht. Die
Konsumhaltung und die Gleichgültigkeit der Menschen, der
rein »weltliche« Lebensstil, die resignative Grundstimmung
in den Kirchen, das geringe Voranschreiten der ökumenischen
Bemühungen... überall bäumen sich Hindernisse auf, welche
die Begeisterung für Christus und seine Kirche bedrohen. Es
scheint auch, dass sich die Kirche viel zu sehr mit sich selbst
beschäftigt.

Wenn wir das Gleichnis von der ausgestreuten Saat wieder auf seinen Ursprung in der »Reich-Gottes-Verkündi-
gung« Jesu zurückverfolgen, dann sehen wir viel deutlicher,
was Jesus mit diesen anschaulichen Vergleichen in seiner
Bilderrede meinte: Das Gottesreich wird – allen Widerstän-
den zum Trotz – als gnadenhaftes Angebot Gottes hier auf
dieser Welt Wurzel fassen, aber es wird erst in der Endzeit
zur vollen Entfaltung gelangen. Dieser dynamische Wachs-
tumsprozess kann nur »behindert«, aber keinesfalls »zerstört« werden. Und das Vertrauen auf Gottes Handeln ist viel
wichtiger als das Kalkulieren mit dem Organisationstalent
der Menschen. Wir müssen nicht ständig neue Strategien
entwickeln, wie sich Gottes Gnade den Menschen zuwenden
wird. Wir sollten vielmehr ganz »im Dienste dieser Gnade
stehen«, um Gott selbst handeln zu lassen. Denn wir »stellen
den Glauben nicht her«, sondern wir »bezeugen den Glau-

24

ben«. Und wenn wir dies glaubwürdig tun, können wir viele Pannen verhindern, die unsere Kirche in ihrer derzeit sehr geringen missionarischen Strahlkraft immer erlebt: Sie lässt sich selbst so schnell verunsichern, fällt auf vordergründige Erfolge und Statistiken herein, geht dem Kreuz ständig aus dem Weg... Das ist keine Jesusnachfolge! Jesus selbst ging nicht den Weg des geringeren Widerstandes. Er wusste, dass sein Weg sehr steinig sein wird. So wird auch die kirchliche Verkündigung in der treuen Lebens- und Leidensgemeinschaft mit Jesus verbleiben müssen, um »Frucht« bringen zu können!

> Unser felsenfestes Gottvertrauen
> ist kein Traum,
> sondern der Weg,
> unsere Träume zu verwirklichen!

Vom Senfkorn und vom Sauerteig 1

W*omit sollen wir das Reich Gottes vergleichen, mit welchem Gleichnis sollen wir es beschreiben? Es gleicht einem Senfkorn. Dieses ist das kleinste von allen Samenkörnern, die man in die Erde sät. Ist es aber gesät, dann geht es auf und wird größer als alle anderen Gewächse und treibt große Zweige, so dass in seinem Schatten die Vögel des Himmels nisten können.*

Durch viele solche Gleichnisse verkündete er ihnen das Wort, so wie sie es aufnehmen konnten. Er redete nur in Gleichnissen zu ihnen; seinen Jüngern aber erklärte er alles, wenn er mit ihnen allein war.   MARKUS 4,30–34

Wie kommt das Reich Gottes?

Das Gleichnis vom Senfkorn ist bei Markus das dritte der Saatgleichnisse im 4. Kap. Wir finden es auch bei Matthäus (13,31-33) und Lukas (13,18-21), hier ist es gekoppelt mit dem Wort vom Sauerteig. Die Erzählung stellt das kleine Senfkorn der großen Senfstaude, die zwar nur ein Jahr lebt, aber doch bis zu vier Meter groß werden kann, gegenüber. Aus dem anfänglich Unscheinbaren wird ein Großes! So verhält es sich auch mit dem Reich Gottes. In dem Gleichnis wird den ersten Christen Mut und Hoffnung zugesprochen und ein Hinweis gegeben auf das Kommen des Reiches.

Wir sind gefragt, ob unser Leben, unsere Zeit eine Zeit des Ankommens dieses Reiches ist. In Jesus Christus ist uns Gott nahe gekommen. Kommt durch uns Gott den Menschen nahe?

Die Verse 33 und 34 sind uns vielleicht auf den ersten Blick unverständlich. Lassen wir uns jedoch auf sie ein, so können sie uns zu einem tieferen Verständnis der Nachfolge führen.

Sie sind so etwas wie eine Schlussbemerkung. Die Bedeutung des Redens in Gleichnissen soll noch einmal herausgestellt werden. Das Reden in Gleichnissen ist eine Art der Verkündigung Jesu. Die hier aufgezeichneten sind nur Beispiele; die Aufzählung ist nicht vollständig. Eigentlich sind Gleichnisse von sich aus leicht verständlich. Sie wollen den Hörer in die Entscheidung rufen.

Warum aber dann Vers 34b: »Seinen Jüngern aber erklärte er alles, wenn er mit ihnen allein war«? Durch diesen Zusatz wird die Erzählung zu einem Rätselwort, das erst der Auflösung bedarf. Sind die Jünger die Eingeweihten und das Volk nicht? In 4,11 kommt dies schon einmal zum Ausdruck. Hier wird die Tendenz des Markusevangeliums deutlich: Das Messiasgeheimnis offenbart sich erst am Ende.

Es kann aber auch noch anders gesehen werden. Nicht durch Hören oder verstandesmäßiges Erfassen verstehen wir Jesu Worte, sondern indem wir uns darauf einlassen. Indem ich mich auf Jesus Christus einlasse und ihm nachgehe, erklärt sich mir das Wort. Wenn wir aber wollen, dass das Reich Gottes wirklich ankommt in unserer Zeit und in unserem Leben, dann müssen wir uns auf Jesus einlassen. Jesus Christus hat sich mit den Menschen eingelassen – und wir?

> Du Menschenfreund Jesus,
> ich verlasse mich ganz auf dich,
> nur so kann ich mich jeden Tag neu
> auf Menschen einlassen.

Vom Senfkorn und vom Sauerteig 2

Er erzählte ihnen ein weiteres Gleichnis und sagte: Mit dem Himmelreich ist es wie mit einem Senfkorn, das ein Mann auf seinen Acker säte. Es ist das kleinste von allen Samenkörnern; sobald es aber hochgewachsen ist, ist es größer als die anderen Gewächse und wird zu einem Baum, so dass die Vögel des Himmels kommen und in seinen Zweigen nisten.

Und er erzählte ihnen noch ein Gleichnis: Mit dem Himmelreich ist es wie mit dem Sauerteig, den eine Frau unter einen großen Trog Mehl mischte, bis das Ganze durchsäuert war.

Dies alles sagte Jesus der Menschenmenge durch Gleichnisse; er redete nur in Gleichnissen zu ihnen. Damit sollte sich erfüllen, was durch den Propheten gesagt worden ist: Ich öffne meinen Mund und rede in Gleichnissen, ich verkünde, was seit der Schöpfung verborgen war.

Matthäus 13,31–35

Ermutigung zu kleinen Schritten

Unsere Zeit ist immer noch geprägt vom Fortschrittsglauben, von Wachstumsraten, von immer größeren Erwartungen und Ansprüchen. Weithin lassen wir uns davon anstecken.

Nur auf den ersten Blick scheinen die beiden Gleichnisse Jesu dem zu entsprechen. In Wirklichkeit geht es jedoch beim Samenkorn nicht um Fortschritt, sondern letztlich um Sterben. So sagt es Jesus sehr deutlich im Blick auf das Weizenkorn (Joh 12,24). In Palästina kann es manchmal sehr lange dauern, bis ein Samenkorn aufgeht.

Jesu Ende ist für die Jünger nach den verheißungsvollen Anfängen erschreckend. In der Kirche sind auch die Ergeb-

28

nisse großer Aufbrüche immer wieder enttäuschend. Bis zur Mitte dieses Jahrhunderts galt für viele die Parole »Evangelisation der Welt in dieser Generation«. Wie weit aber sind wir heute davon entfernt, auch in Europa!

Jesus will mit den beiden Gleichnissen seine Jünger damals und heute ermutigen. Man sieht es dem winzig kleinen Samenkorn nicht an, was am Ende aus ihm wird. Das bisschen Sauerteig hat eine enorme Kraft in sich. Der große Strauch der Senfstaude aber steht nicht sofort da. Der Teig ist nicht im Augenblick durchsäuert. Aus den aussichtslos scheinenden Anfängen kann Gott zu seiner Zeit das erstaunliche Ergebnis schaffen. Anders als heutige Menschen sahen Jesus und seine Zeitgenossen im Wachsen des Samenkorns nicht etwas Normales, Natürliches, sondern etwas Wunderbares, ein Geheimnis göttlicher Kraft.

So wäre es für uns wichtig, dass wir der Schöpferkraft Gottes und dem Samen seines Wortes viel zutrauen. So wie Gott aus dem Sterben Jesu, das nach einer Katastrophe aussah, durch Ostern neues Leben, das Werden der Kirche und den Anfang der Vollendung seiner Schöpfung werden ließ, so kann er auch bei uns aus ganz unscheinbaren Anfängen Frucht wachsen lassen, über die wir nur staunen können. Das Wesentliche liegt an Gott und seinem schöpferischen Handeln. Wir jedoch wollen uns zu dem Dienst rufen lassen, zu dem er uns gebrauchen will, und auch bei Rückschlägen und Enttäuschungen nicht verzagen.

> Unser Schöpfer, wir sehen die Anfänge,
> du siehst das Ziel;
> wir sehen das Stückwerk, du aber die Vollendung.
> Lass uns vertrauen auf die Kraft deines Wortes.

Vom Senfkorn und vom Sauerteig 3

Er sagte: Wem ist das Reich Gottes ähnlich, womit soll ich es vergleichen? Es ist wie ein Senfkorn, das ein Mann in seinem Garten in die Erde steckte; es wuchs und wurde zu einem Baum, und die Vögel des Himmels nisteten in seinen Zweigen. Außerdem sagte er: Womit soll ich das Reich Gottes vergleichen? Es ist wie ein Sauerteig, den eine Frau unter einen großen Trog Mehl mischte, bis das Ganze durchsäuert war. LUKAS 13,18–21

Mehr als wir ihm zutrauen

Jesus spricht vom zukünftigen Reich Gottes. Wie aus dem kleinsten aller Körner, dem unscheinbaren Senfkorn, ein großer Baum hervorwächst, unter dem die Vögel nisten, wie von einer kleinen Menge Sauerteigs eines Tages drei Scheffel Mehl durchsäuert werden, so unaufhaltsam wird das Reich Gottes sich durchsetzen.

Lukas blickt, wie seine Apostelgeschichte zeigt, schon auf eine schöne Wegstrecke Missionsgeschichte zurück. Für ihn sieht es so aus, als könne man die Wahrheit des Gleichnisses an der Wirklichkeit des Wachstums der Kirche erkennen, unter deren Baum sich eines Tages die Völker der Welt versammeln werden. Der Sauerteig des Wortes Gottes wird einst die ganze Erde durchsäuern. In der zweiten seiner berühmten Invokavitpredigten, mit denen Luther 1522 das aufgewühlte Wittenberg zur Vernunft brachte, sagt er: »Nehmt ein Beispiel an mir. Ich bin dem Ablass... entgegengetreten, aber mit keiner Gewalt; ich habe allein Gottes Wort getrieben... Das hat, wenn ich geschlafen habe, wenn ich Wittenbergisch Bier mit meinem Philipp Melanchthon und mit Amsdorf getrunken habe, soviel getan. Ich habe nichts gemacht, ich habe das Wort handeln lassen.«

Es gilt darauf zu setzen, dass im unscheinbaren und kraftlos wirkenden Wort schon die Vorzeichen des zukünftigen Reiches Gottes unter uns wirksam sind. Was aber tun wir, von Austrittszahlen erschreckt und kaum noch mit der Kraft des Wortes Gottes rechnend? Wir können uns die kümmerliche Jünger- und Jüngerinnenrunde vorstellen und achten am besten auf diesen Jesus, der auf dem Weg nach Golgatha ist. Da steht er, hält ein kleines Senfkorn zwischen den Fingern hoch und sagt: Mit dem Gottesreich – lacht nicht – verhält es sich wie mit so einem lächerlichen Senfkorn, von dem ihr doch wisst, dass es zu einer großen Staude wird.

Dieser Jesus von Nazareth, der ans Kreuz geht, zeigt uns einen Gott, »der mitten im Tode lebendig macht, der mitten im Zorn sich erbarmt, der mitten in der Zurückweisung der Gebete Erhörung der Gebete gewährt« (Luther). Er hat viel mehr Möglichkeiten, als wir ihm zutrauen.

> Herr, gib mir Zutrauen,
> dass dein Wort Menschen ergreift
> und weiter wirkt.

Von mörderischen Weingärtnern 1

*J*esus begann zu ihnen (wieder) in Form von Gleichnissen zu reden. (Er sagte:) Ein Mann legte einen Weinberg an, zog ringsherum einen Zaun, hob eine Kelter aus und baute einen Turm. Dann verpachtete er den Weinberg an Winzer und reiste in ein anderes Land. Als nun die Zeit dafür gekommen war, schickte er einen Knecht zu den Winzern, um bei ihnen seinen Anteil an den Früchten des Weinbergs holen zu lassen. Sie aber packten und prügelten ihn und jagten ihn mit leeren Händen fort. Darauf schickte er einen anderen Knecht zu ihnen; auch ihn misshandelten und beschimpften sie. Als er einen dritten schickte, brachten sie ihn um. Ähnlich ging es vielen anderen; die einen wurden geprügelt, die andern umgebracht. Schließlich blieb ihm nur noch einer: sein geliebter Sohn. Ihn sandte er als letzten zu ihnen, denn er dachte: Vor meinem Sohn werden sie Achtung haben. Die Winzer aber sagten zueinander: Das ist der Erbe. Auf, wir wollen ihn töten, dann gehört sein Erbgut uns. Und sie packten ihn und brachten ihn um und warfen ihn aus dem Weinberg hinaus. Was wird nun der Besitzer des Weinbergs tun? Er wird kommen und die Winzer töten und den Weinberg anderen geben. Habt ihr nicht das Schriftwort gelesen:

> Der Stein, den die Bauleute verworfen haben,
> er ist zum Eckstein geworden;
> das hat der Herr vollbracht,
> vor unseren Augen geschah dieses Wunder?

Daraufhin hätten sie Jesus gern verhaften lassen; aber sie fürchteten die Menge. Denn sie hatten gemerkt, dass er mit diesem Gleichnis sie meinte. Da ließen sie ihn stehen und gingen weg.   MARKUS 12,1–12

Die letzte Chance

»Ich gebe dir noch einmal eine Chance«, sagt der Lehrer zum Schüler, sagt die Frau zum Mann, sagen wir zu...? Wer nochmals eine Chance anbietet, weiß um das Versagen des anderen. Er schenkt Vertrauen und setzt Vertrauenswürdigkeit aufs Spiel. Enttäuschung oder Neubeginn – das ist bei jeder beendeten Chance die Frage.

Das Gleichnis von den Weingärtnern ist die Geschichte einer oft und oft neu gewährten Chance. Gott wird als Weinbauer gezeichnet. Er weiß um das Versagen seiner »Früchtchen« im Weinberg Israels (Jesaja 5), um die aufsässige Haltung und das Machtstreben der Verantwortlichen. Noch einmal überlässt er dem Volk Israel die Entscheidung, ob sie ihr Leben mit ihrem Gott gestalten wollen oder nicht. Seine einzige Forderung ist die Anerkennung seiner Position als Eigentümer des ganzen »Weinbergs« Israel.

Den Weingärtnern im Gleichnis gelingt es nicht, den Teil ihrer Ernte rauszugeben, der dem Besitzer zusteht. Sie vergessen, dass sie ohne ihn überhaupt nicht geerntet hätten. Wie Adam und Eva in der Sündenfallgeschichte heimlich nach der Frucht greifen, die ihnen nicht zusteht, so tun die Winzer es öffentlich und gewaltsam. Beidemal wollen Menschen ihr Leben und dessen Früchte selbst in die Hand nehmen. Beidemal endet der Wunsch, »Erbe Gottes« sein zu wollen, in Tod und Vertreibung, dort aus dem Paradies, hier aus dem Weinberg.

Die letzte Chance wurde vertan. Israels Führer müssen zurücktreten und anderen Winzern das Land überlassen, die es nun als Lehen erhalten.

»Ich gebe dir nochmals eine Chance.« Was damals zu Israel gesagt wurde, könnte das Lebensgefühl eines Christen prägen. Leben wir im Bewusstsein, dass Gott auch uns mor-

gen in die Chancenlosigkeit entlassen könnte? Wie viele
Knechte und Mägde haben wir Christen im Lauf von 2000
Jahren wohl umgebracht?

Es gibt keine »Chancengleichheit« zwischen Gott und
Menschen. Das sollten alle bedenken, die die letzten und uns
nicht zustehenden Früchte des »Weinbergs Erde« an sich
reißen möchten.

> Du unser Schöpfer, gütiger und gerechter Gott!
> Getrieben vom Denken
> in Wohlstand und Sicherheit,
> vereinnahmen wir deine Schöpfung.
> Hilf uns, den uns als Leihgabe
> anvertrauten Teil dieser Erde
> aus dankbarem Herzen fruchtbar zu gestalten.

Von mörderischen Weingärtnern 2

Hört noch ein anderes Gleichnis: Es war ein Gutsbesitzer, der legte einen Weinberg an, zog ringsherum einen Zaun, hob eine Kelter aus und baute einen Turm. Dann verpachtete er den Weinberg an Winzer und reiste in ein anderes Land. Als nun die Erntezeit kam, schickte er seine Knechte zu den Winzern, um seinen Anteil an den Früchten holen zu lassen. Die Winzer aber packten seine Knechte; den einen prügelten sie, den andern brachten sie um, einen dritten steinigten sie. Darauf schickte er andere Knechte, mehr als das erstemal; mit ihnen machten sie es genauso. Zuletzt sandte er seinen Sohn zu ihnen; denn er dachte: Vor meinem Sohn werden sie Achtung haben. Als die Winzer den Sohn sahen, sagten sie zueinander: Das ist der Erbe. Auf, wir wollen ihn töten, damit wir seinen Besitz erben. Und sie packten ihn, warfen ihn aus dem Weinberg hinaus und brachten ihn um. Wenn nun der Besitzer des Weinbergs kommt: Was wird er mit solchen Winzern tun? Sie sagten zu ihm: Er wird diesen bösen Menschen ein böses Ende bereiten und den Weinberg an andere Winzer verpachten, die ihm die Früchte abliefern, wenn es Zeit dafür ist. Und Jesus sagte zu ihnen: Habt ihr nie in der Schrift gelesen:

> *Der Stein, den die Bauleute verworfen haben,*
> *er ist zum Eckstein geworden;*
> *das hat der Herr vollbracht,*
> *vor unseren Augen geschah dieses Wunder?*

Und wer auf diesen Stein fällt, der wird zerschellen; auf wen der Stein aber fällt, den wird er zermalmen. Darum sage ich euch: Das Reich Gottes wird euch weggenommen und einem Volk gegeben werden, das die erwarteten Früchte bringt.

35

Als die Hohenpriester und die Pharisäer seine Gleichnisse hörten, merkten sie, dass er von ihnen sprach. Sie hätten ihn gern verhaften lassen; aber sie fürchteten sich vor den Leuten, weil alle ihn für einen Propheten hielten.

MATTHÄUS 21,33–46

Das Volk, das die erwarteten Früchte bringt

Gott hat Israel als seinen Weinberg angelegt. Aber die Winzer verweigern die Ernte. Die Knechte, die Gott schickt, die Propheten, erleiden ein schlimmes Los. Doch Gott gibt nicht auf. Er schickt seinen Sohn. Aber die Winzer »packten ihn, warfen ihn aus dem Weinberg hinaus und brachten ihn um«. Damit ist auf den Tod Jesu angespielt, der draußen vor der Stadt gekreuzigt wird. »Wenn nun der Besitzer des Weinbergs kommt: Was wird er mit solchen Winzern tun?« Die Gefragten geben bereitwillig Antwort: »Er wird diesen bösen Menschen ein böses Ende bereiten und den Weinberg an andere Winzer verpachten, die ihm die Früchte abliefern, wenn es Zeit dafür ist.« Sie haben ihr eigenes Urteil gesprochen. Jesus braucht nur noch die Schlussfolgerung zu ziehen: »Das Reich Gottes wird euch weggenommen und einem Volk gegeben werden, das die erwarteten Früchte bringt.«

Soll das bedeuten, dass Israel verworfen und die Kirche an seine Stelle getreten ist? Gegen diese (noch immer vertretene) Auslegung muss man sich im Namen des Matthäus verwahren! Angesprochen ist nicht Israel, sondern die Führer Israels, die Hohenpriester und Ältesten des Volkes (Mt 21,23). Sie sind die Winzer. Sie fühlen sich zu Recht von der Rede Jesu getroffen (V. 45). Freilich, eine gewisse kollekti-

ve Note kommt dann doch ins Spiel, wenn Jesus von einem
»Volk« spricht, dem das Reich Gottes gegeben werden soll.
Für Matthäus ist es wohl das positive Gegenbild zum Volk
Jerusalems, das – von seinen Führern manipuliert – die Verantwortung für den Tod Jesu übernimmt (Mt 27,25) und
dafür nach matthäischer Sicht mit dem Untergang der Stadt
im Jahre 70 bestraft wird (vgl. Mt 22,7). Von einer Verwer-
fung »Israels« ist im Evangeliumstext so wenig die Rede wie
von einer Erwählung der »Kirche«. Matthäus spricht bewusst von einem »Volk«, das, was die Erwählung betrifft,
durchlässig ist für Israel und Kirche und das sich – für Israel und Kirche in gleicher Weise gültig – nach dem gleichen
Kriterium rekrutiert. Beide stehen unter dem gleichen heils-
geschichtlichen Gesetz: Die Erwählung will mit den angemessenen Früchten beantwortet werden.

Dies seiner christlichen Gemeinde vor Augen zu stellen
und nicht etwa eine heilsgeschichtliche Abrechnung mit
Israel ist das Ziel des Evangeliums. Nicht antijüdisches Res-
sentiment, sondern das Tun der dem Reich Gottes angemessenen Früchte lässt die Kirche an der Erwählung festhalten.

> Allmächtiger, ewiger Gott,
> du hast Abraham und seinen Kindern
> deine Verheißung gegeben.
> Erhöre das Gebet deiner Kirche für das Volk,
> das du als erstes
> zu deinem Eigentum erwählt hast:
> Gib, dass es zur Fülle der Erlösung gelangt.
> Darum bitten wir durch Christus, unseren Herrn.

Von mörderischen Weingärtnern 3

*E*r *erzählte dem Volk dieses Gleichnis: Ein Mann legte einen Weinberg an, verpachtete ihn an Winzer und reiste für längere Zeit in ein anderes Land. Als nun die Zeit dafür gekommen war, schickte er einen Knecht zu den Winzern, damit sie ihm seinen Anteil am Ertrag des Weinbergs ablieferten. Die Winzer aber prügelten ihn und jagten ihn mit leeren Händen fort. Darauf schickte er einen anderen Knecht; auch ihn prügelten und beschimpften sie und jagten ihn mit leeren Händen fort. Er schickte noch einen dritten Knecht; aber auch ihn schlugen sie blutig und warfen ihn hinaus. Da sagte der Besitzer des Weinbergs: Was soll ich tun? Ich will meinen geliebten Sohn zu ihnen schicken. Vielleicht werden sie vor ihm Achtung haben. Als die Winzer den Sohn sahen, überlegten sie und sagten zueinander: Das ist der Erbe; wir wollen ihn töten, damit das Erbgut uns gehört. Und sie warfen ihn aus dem Weinberg hinaus und brachten ihn um. Was wird nun der Besitzer des Weinbergs mit ihnen tun? Er wird kommen und diese Winzer töten und den Weinberg anderen geben. Als sie das hörten, sagten sie: Das darf nicht geschehen! Da sah Jesus sie an und sagte: Was bedeutet das Schriftwort:*

> *Der Stein, den die Bauleute verworfen haben,*
> *er ist zum Eckstein geworden?*

Jeder, der auf diesen Stein fällt, wird zerschellen; auf wen der Stein aber fällt, den wird er zermalmen.

Lukas 20,9–18

38

Sind wir treue Pächter?

So einfach haben sie es sich gedacht: Keine Pacht zahlen, die Knechte des Weinbergbesitzers vertreiben und schließlich den Sohn sogar umbringen... dann gehört der Weinberg ihnen. Denn damals wurden die Pachtverträge im Sinne der Erbpacht abgeschlossen: Die Pächter konnten damit rechnen, falls kein Erbe mehr da war, zu Eigentümern zu werden. Kühl und berechnend bringen sie daher den Sohn des Weinbergbesitzers um.

Ein Gleichnis erzählt Jesus, das sich schnell übertragen lässt: Die Knechte, die der Weinbergbesitzer (gemeint ist damit Gott selbst) aussendet, sind die Propheten, Mahner Gottes durch alle Zeiten hindurch. Diese Propheten wurden und werden häufig missachtet, verletzt und beleidigt. Schließlich sendet Gott seinen eigenen Sohn, Jesus, in diese Welt. Aber auch vor ihm haben die Pächter (gemeint sind die Schriftgelehrten und Pharisäer) keine Achtung. Ja sie gehen so weit, ihn umzubringen.

Die Antwort des Volkes auf diese Leidensankündigung Jesu im Gleichnis: »Das darf nicht geschehen!«

Und heute? Zahlen wir den geforderten Pachtzins? Das heißt: Leben wir nach den Geboten und Weisungen des christlichen Glaubens in unserem Alltag? Oder sind wir bereit, diese zu verletzen, gar außer Kraft zu setzen, sie willkürlich auszulegen, umzudeuten oder nach unseren Wünschen zurechtzubiegen – und vergessen dabei schnell, was uns das Gebet aus dem 14.Jahrhundert sprechen lassen will: »Christus hat keine Hände, nur unsere Hände, um seine Arbeit heute zu tun. Er hat keine Füße, nur unsere Füße, um Menschen auf sicheren Weg zu führen. Christus hat keine Lippen, nur unsere Lippen, um Menschen von ihm zu erzählen...«

Aber wenn die Schrift gefälscht würde, nicht gelesen werden kann? Wenn unsere Hände mit anderen Dingen beschäftigt sind als mit den seinen? Wenn unsere Füße dahin gehen, wohin die Sünde zieht? Wenn unsere Lippen sprechen, was er verwerfen würde?

> Einen winzigen Teil deines Weinbergs hast du
> auch mir anvertraut, himmlischer Vater. Ich bitte
> dich, dass ich dir keine Frucht vorenthalte. Was
> habe ich denn, das du mir nicht gegeben hättest?

Vom Feigenbaum 1

*A ber in jenen Tagen, nach der großen Not, wird sich die
Sonne verfinstern, und der Mond wird nicht mehr scheinen; die Sterne werden vom Himmel fallen, und die Kräfte des
Himmels werden erschüttert werden. Dann wird man den
Menschensohn mit großer Macht und Herrlichkeit auf den Wolken kommen sehen. Und er wird die Engel aussenden und die
von ihm Auserwählten aus allen vier Windrichtungen zusam-
menführen, vom Ende der Erde bis zum Ende des Himmels.*

*Lernt etwas aus dem Vergleich mit dem Feigenbaum! So-
bald seine Zweige saftig werden und Blätter treiben, wisst
ihr, dass der Sommer nahe ist. Genauso sollt ihr erkennen,
wenn ihr (all) das geschehen seht, dass das Ende vor der Tür
steht. Amen, ich sage euch: Diese Generation wird nicht vergehen, bis das alles eintrifft. Himmel und Erde werden vergehen, aber meine Worte werden nicht vergehen. Doch jenen
Tag und jene Stunde kennt niemand, auch nicht die Engel im
Himmel, nicht einmal der Sohn, sondern nur der Vater.*

MARKUS 13,24–32

Das Kommen des Menschensohnes

Werden wir die kosmischen Zeichen, von denen hier die Rede
ist, auf Erfahrungen deuten können, die wir bereits machen
konnten? Bricht die Ordnung des Himmels durch die Gewalt
der hochentwickelten Waffensysteme zusammen, vor deren
Anwendung heute die ganze Welt bangt? Sind die Verfinste-
rung von Sonne und Mond und die herabstürzenden Sterne
Vorstellungen, die sich jederzeit in einem atomaren Krieg erfüllen können? Welche Zeichen künden das bevorstehende
Ende so untrüglich an wie der saftige, treibende Feigenbaum
den Sommer? Eines ist gewiss: Tempelzerstörung, Erdbeben,

41

Krieg, Verfolgung und Flucht sind Zeichen der »Nähe« des großen Umbruchs. Jetzt aber ist unmittelbar die Rede vom Ende des Vorläufigen und vom Anbruch des Endgültigen.

Wir wissen nicht, wie das alles kommen wird, nicht, was kommt, wir kennen nicht den Tag und die Stunde. Aber es ist uns angesagt, wer kommt: »Der Menschensohn auf den Wolken mit großer Macht und Herrlichkeit« und: »Alle werden ihn kommen sehen!«

Da ist uns kein Drohbild vorgestellt, das uns ängstigen muss. Es wird uns der angesagt, der uns Menschen bis in die Versuchung hinein gleich geworden ist, ausgenommen die Sünde (Hebr 4,15), der »sanftmütig und demütig von Herzen« ist (die »Gute Nachricht« übersetzt Mt 11,29: »Ich quäle euch nicht und sehe auf keinen herab«).

Er kommt wieder, der uns den barmherzigen Vater verkündet hat, der auf den verlorenen Sohn wartet, um nach seiner Rückkehr ein Fest zu feiern. Er kommt, der uns in die unverlierbare Freude führen will.

Wenn es also schon für den Türhüter selbstverständlich ist, wachsam zu sein, damit der Hausherr in der Stunde seiner Rückkehr sein Haus gut bestellt vorfindet, wie sollten wir die Stunde verschlafen dürfen, in der sich die neue, bleibende Wirklichkeit vollendet?

Hier ist nicht von solchen die Rede, die vor ihrer Aufgabe davongelaufen sind, nicht von solchen, die das Haus ihres Herrn verlassen, die Hausgenossenschaft aufgekündigt haben. Es genügt auch nicht, zu Hause zu bleiben. Entscheidend ist, dass wir nicht einschlafen!

> So wach denn auf, mein Geist und Sinn,
> und schlummre ja nicht mehr.
> Blick täglich auf sein Kommen hin,
> als ob es heute wär'.

Vom Feigenbaum 2

*Lernt etwas aus dem Vergleich mit dem Feigenbaum! So-
bald seine Zweige saftig werden und Blätter treiben,
wisst ihr, dass der Sommer nahe ist. Genauso sollt ihr erkennen, wenn ihr das alles seht, dass das Ende vor der Tür
steht. Amen, ich sage euch: Diese Generation wird nicht vergehen, bis das alles eintrifft. Himmel und Erde werden vergehen, aber meine Worte werden nicht vergehen. Doch jenen
Tag und jene Stunde kennt niemand, auch nicht die Engel im
Himmel, nicht einmal der Sohn, sondern nur der Vater.*
MATTHÄUS 24,32–36

Feigenbaum und Seerose

Die Zukunft ist nicht einfach da. Sie kommt nicht wie ein
Gewitter über uns. Sie kündigt sich an. Ihre Gefahren machen sich rechtzeitig bemerkbar. Sie entsendet ihre Boten,
die eine deutliche Sprache sprechen. Wir reden von Ahnungen, und manchmal sind solche Ahnungen so gewiss wie das
deutlichste Wissen. Dieses Erahnen der Nähe der Gefahr ist
oft in Bildern, in Gleichnissen und Symbolen festgemacht
worden. Jesus verwendet das Bild vom Feigenbaum, dessen
Blüte den herannahenden Sommer verrät. So sollen Christen
die Zeichen der Zeit lesen, ob sich in ihnen das Kommen des
Menschensohnes ankündigt.

Die Verfasser des Berichtes »Die Grenzen des Wachstums« haben 1972 das Bild von der Seerose gebraucht. Sie
hat die Eigenschaft, eine jeweils doppelt so große Ober-
fläche des Wassers zu bedecken und so mit ihrem Wachstum
das Leben im Teich allmählich zu ersticken. Feigenbaum
oder Seerose – Zeichen dafür, dass die Zukunft mit ihren Ge-

fahren schon in der Gegenwart schlummert. Man muss also Augen und Ohren aufmachen und darf nicht in den Tag hineinleben, wenn man als Christ in dieser Welt bestehen will.

Nun kann man gewiss nicht sagen, dass wir Christen für die Zeichen der Zeit blind wären. Ganz im Gegenteil, unter Christen, in der Kirche scheint von nichts anderem mehr als von den Zeichen der Zeit die Rede zu sein. Kein Thema, das irgendwie für die Menschen von heute von Belang wäre, lassen die Kirchen aus. Verschlafenheit kann man ihnen gewiss nicht vorwerfen. Ob es der Hunger in der Welt ist, ob es politische Strategien sind, wie man Ungerechtigkeit beseitigen könnte, ob es der Friede ist, der durch Rüstung nicht mehr gesichert werden kann, ob es die Emanzipation der Frau ist oder die drohende Umweltkatastrophe – überall werden in den Kirchen die Zeichen der Zeit gelesen. Überall, scheint es, haben wir die Lektion von Feigenbaum und Seerose gelernt.

Wirklich? Haben wir die Lektion von Feigenbaum und Seerose im apokalyptischen Horizont gelernt? Manchmal frage ich mich: Was sagen wir als Christen eigentlich, wenn sich all diese Probleme der Überlebenskrise in ihrer Gesamtheit als unlösbar erweisen sollten? Sind wir am Ende schon dabei, ohne es zu merken, in die Unlösbarkeit der Probleme hineinzugeraten? Was sagen wir? Wie trösten wir? Wie ermutigen wir uns selbst und andere?

Herr, du hast Worte des Lebens.

Vom Feigenbaum 3

Und er gebrauchte einen Vergleich und sagte: Seht euch den Feigenbaum und die anderen Bäume an. Sobald ihr merkt, dass sie Blätter treiben, wisst ihr, dass der Sommer nahe ist. Genauso sollt ihr erkennen, wenn ihr (all) das geschehen seht, dass das Reich Gottes nahe ist. Amen, ich sage euch: Diese Generation wird nicht vergehen, bis alles eintrifft. Himmel und Erde werden vergehen, aber meine Worte werden nicht vergehen. LUKAS 21,29–33

Beschützt, wenn wir wachen und beten

Bäume sind für uns wichtige Symbole geworden. Schon Jesus benutzt Bilder der Schöpfung, um auf Wirklichkeiten des Ungeschaffenen hinzuweisen – in unserer Textstelle auf die Nähe des Reiches Gottes. Dass es kommt, ist Sache Gottes, also kommt es gewiss, wie immer wir Menschen uns anstellen. An uns liegt es, wie wir uns darauf einstellen.

Eine doppelte Aufforderung begleitet uns dabei, nicht als Einengung, so dass wir uns kaum mehr bewegen könnten, sondern als Ermutigung, damit wir tief durchatmen in der Gewissheit: Die Angst vor dem Ende bleibt bezwingbar, wenn wir »allzeit wachen und beten« (V.36). Was mit Wachen gemeint ist, lässt sich aus dem biblischen Umfeld für unsere Lebensverhältnisse heute und hier auffächern: auf Jesus, den Menschensohn, hören und sich nicht verwirren lassen, was immer in der näheren und ferneren Umgebung passiert. Dazu dem endzeitlichen »Hinzutreten« nicht nur, weil es unausweichlich ist, entgegensehen, sondern sich darauf freuen. Und schließlich: Mit dem letzten Tag rechnen und auf ihn hin durchhalten, auch wenn die Treue schwerfällt

45

oder vorübergehend ins Wanken gekommen ist. Die biblische Verheißung »Wer bis zum Ende standfest bleibt, wird
gerettet« gilt vorrangig ja solchen, die nichts Außergewöhn-
liches zusammenbringen, jedoch das Alltägliche zuversicht-
lich ertragen und in ihrer persönlichen Wüste die Hoffnung
hochhalten: Gott lässt uns Menschen nicht los!

Solches Warten ist gute Vorbedingung für die zweite Aufforderung, nämlich »allezeit zu beten«. Dass damit nicht ein
unaufhörliches Aneinanderreihen von Gebetstexten gemeint
sein kann, liegt auf der Hand. Es geht vielmehr um eine sanf-
te, aber stetige Ausrichtung, die allmählich zur Haltung
wird. Es gilt, schlicht mit dem Herrn zu besprechen, was uns
ängstigt. Wie jene Leute aus dem Volk (V. 38) suchen wir die
Nähe Jesu, um mit unserer Überangst fertig zu werden. Sie
wäre ein Rückfall in den Zustand vor der Erlösung. Dagegen
steht beglückend die Erkenntnis, die unser Beten durchzie-
hen soll: Der Mensch ist für die Hoffnung geschaffen.

> Jesus, der Vater im Himmel
> hat mit deinem Sieg über den Tod herausgestellt,
> dass du der Herr der Welt
> und des Kosmos für immer bleibst.
> Du lebst also,
> und wir sind in alle Ewigkeit nicht verloren,
> denn wir leben mit dir,
> durch dich und in dir.

Vom Wachsen der Saat

*M*it dem Reich Gottes ist es so, wie wenn ein Mann Samen auf seinen Acker sät; dann schläft er und steht
wieder auf, es wird Nacht und wird Tag, der Samen keimt
und wächst, und der Mann weiß nicht, wie. Die Erde bringt
von selbst ihre Frucht, zuerst den Halm, dann die Ähre, dann
das volle Korn in der Ähre. Sobald aber die Frucht reif ist,
legt er die Sichel an: denn die Zeit der Ernte ist da.

MARKUS 4,26–29

Automatisch

»Die Menschen werden nicht gescheit, am wenigsten die
Christenheit trotz allem Händefalten. Du hattest sie vergeb-
lich lieb. Du starbst umsonst. Und alles blieb beim alten!« –
Diese letzten Verse eines Gedichts, das Erich Kästner »dem
Revolutionär Jesus zum Geburtstag« geschrieben hat, stellen
nicht nur jene in Frage, die sich nach Jesus Christus benen-
nen. Sie setzen Gott selbst auf die Anklagebank: Was ist eigentlich aus der vor 2000 Jahren angekündigten Gottesherrschaft geworden? So fragen viele Menschen heute, so hat
man des öfteren in der langen Geschichte des Christentums
gefragt.

Das Gleichnis von der selbstwachsenden Saat gibt darauf
die Antwort: Die Augen des Glaubens sehen dies anders.
Wie der Bauer das Wunder des Wachsens am Getreidehalm
erkennen kann, ohne zu wissen, wie dies eigentlich vor sich
geht, so erkennt der Glaubende an diesen oder jenen Zeichen, an Unscheinbarem und Auffälligem, dass Gottes Herrschaft schon im Kommen ist. Allerdings, auch er weiß nicht
das »Wie«. Er kann weder irgendwelche Gesetzmäßigkeiten

47

für dieses Kommen ausmachen noch einzelne Phasen bestimmen; schon gar nicht lässt sich dafür eine Strategie entwickeln. Wie der Bauer angesichts des Wunders des Wachstums vertraut der Christ darauf, dass das Reich Gottes »automatisch« (wie es im griechischen Text heißt!) kommt. So sicher ist er dessen.

Dass dies kein Alibi für den Christen bedeutet, die Hände in den Schoß zu legen, versteht sich von selbst. Denn auch der Bauer bestellt ja seine Felder und verrichtet alle anfallenden Arbeiten. Nur: Mehr als günstige Bedingungen bei sich selber und in seiner Umwelt kann der Christ nicht schaffen. Nicht zum Nichtstun motiviert ihn sein Glaube an Gottes Initiative, sondern zu hoffnungsvoller Tatkraft.

> Wir müssen so rückhaltlos
> auf Gottes Gnade vertrauen,
> als ob alle menschlichen Mittel
> nichts vermöchten;
> gleichzeitig aber alle menschlichen Mittel
> mit solcher Umsicht und Tatkraft anwenden,
> als ob aller Erfolg
> einzig davon abhinge.
> IGNATIUS VON LOYOLA

Vom Türhüter

Seht euch also vor, und bleibt wach! Denn ihr wisst nicht, wann die Zeit da ist. Es ist wie mit einem Mann, der sein Haus verließ, um auf Reisen zu gehen: Er übertrug alle Verantwortung seinen Dienern, jedem eine bestimmte Aufgabe; dem Türhüter befahl er, wachsam zu sein. Seid also wachsam! Denn ihr wisst nicht, wann der Hausherr kommt, ob am Abend oder um Mitternacht, ob beim Hahnenschrei oder erst am Morgen. Er soll euch, wenn er plötzlich kommt, nicht schlafend antreffen. Was ich aber euch sage, das sage ich allen: Seid wachsam! MARKUS 13,33–37

Seid also wachsam!

»Auf der Hut sein«, sagen wir und denken dabei an die Wachsamkeit gegenüber drohenden Gefahren, vor denen man sich und andere behüten muss. Die verantwortliche Wachsamkeit des Türhüters umfasst mehr: Er muss bereit sein für alle, die kommen, und für alles, was kommt. Er muss auf alles gefasst sein. Das Unvorhergesehene und Unvorhersehbare darf ihn nicht überrumpeln. Er muss selbst das auffangen, was sich aller Vorüberlegung und Planung entzieht. Er darf nicht vorschnell öffnen und nicht zu spät reagieren. Er muss den rechten Augenblick, die Chance der Stunde erkennen und nützen. Er muss vermitteln, muss Menschen und Zusammenhänge weiterleiten. Er muss aber auch warnen, muss um Hilfe anderer bemüht sein, wenn sein eigenes Vermögen nicht ausreicht. Er muss »gewärtig« sein, ganz aus wartender Bereitschaft leben. Er hat große Verantwortung, aber er ist nicht der Herr des Hauses. Er kann sich seine Verantwortung nicht leichter machen, wenn der Hausherr abwesend ist. Er ist eben nicht sein eigener Herr, der tun und lassen kann, was er möchte, und der das Wachen auch einmal unterbrechen darf. Der Hausherr soll ihn – und uns – nicht schlafend finden.

Jesus spricht von unserer Wachsamkeit, von dem, was wir am Beispiel des Türhüters ablesen sollen. Dieses ganze 13. Kapitel des Markusevangeliums will ja nicht das Geheimnis der letzten Dinge lüften, sondern sagt uns zu, dass Gott Welt und Menschen nicht im Stich lässt und nicht sich selbst und den Mächten des Bösen überlässt. Er hat sein Wort in diese Welt hineingesprochen. Er hat seinen Sohn in diese Welt hineingesandt, damit er die Welt rette. Welt und Menschen kommen nur an ihr Ziel, wenn sie diesen lebensnotwendigen Zusammenhang nicht übersehen und nicht daraus herausfallen. Deshalb ist uns solche umfassende Wachsamkeit aufgetragen.

Der einzelne in der Kirche, »oben« oder »unten«, aber auch ganze Gruppen und Gemeinschaften geraten immer wieder in die Gefahr, die Stunde, den rechten Augenblick, den »Kairos« zu verschlafen, und sind versucht, seine vermeintliche Abwesenheit nach eigenem Geschmack zu nützen. »Seid also wachsam!«

> So wach denn auf, mein Geist und Sinn,
> und schlummre ja nicht mehr.
> Blick täglich auf sein Kommen hin,
> als ob es heute wär.

Vom Hausbau 1

*W*er diese meine Worte hört und danach handelt, ist wie ein kluger Mann, der sein Haus auf Fels baute. Als nun ein Wolkenbruch kam und die Wassermassen heranfluteten, als die Stürme tobten und an dem Haus rüttelten, da stürzte es nicht ein; denn es war auf Fels gebaut. Wer aber meine Worte hört und nicht danach handelt, ist wie ein unvernünftiger Mann, der sein Haus auf Sand baute. Als nun ein Wolkenbruch kam und die Wassermassen heranfluteten, als die Stürme tobten und an dem Haus rüttelten, da stürzte es ein und wurde völlig zerstört.   MATTHÄUS 7,24–27*

Klugheit aus neuer Vollmacht

Am Ende erinnert der Bergprediger an ein Bild aus dem täglichen Leben, das auch unsere modernen Probleme in Staat, Gesellschaft, Kirche und im privaten Leben widerspiegelt: Arbeiten wir nicht viel zu viel an der Fassade und vernachlässigen dabei sträflich die Sorge um tragfähige Fundamente? Der gelernte Zimmermann Jesus von Nazareth weiß, wovon er redet. Wer in Palästina aus kurzsichtiger Sparsamkeit einen Hausbau in einem ausgetrockneten Flussbett oder auf weichem Sandboden planen würde, ohne an reißende Wasser in der Regenzeit oder an Sturmböen zu denken, wäre ein Tor.

Weil Jesus die Fehlkalkulationen des menschlichen Herzens kennt, warnt er in der Vollmacht dessen, dem es wirklich um die Zukunft der Menschheit geht: Seid nicht unklug und verschwendet Gottes Gaben und eure Möglichkeiten nicht für kurzsichtige Ziele! Denkt bei allem, was ihr heute tut, an morgen! Lebt vom Ziel her! Hütet euch vor »billigen« Fehlkonstruktionen in eurem Leben und vor falschen Berechnungen über Wert und Unwert eurer Prioritäten, die man euch aufschwätzt. In der Endabrechnung wird es sonst ans Licht kommen, dass ihr Betrügern aufgesessen seid. Sorgt euch mehr um den Tiefgang eures Lebens als um das oberflächliche Erscheinungsbild. Habt keine Angst, deswegen scheel angesehen zu werden. In der Stunde der Bewährung erweist sich die Zuverlässigkeit der Fundamente vor aller Augen. Kein Mensch fragt dann noch nach modischem Kram im Trümmerhaufen der eingestürzten Prachtbauten.

Aber welches ist das Fundament zum Leben und zum Sterben? Gottes Wort – gehört, geglaubt, gelebt – garantiert Geborgenheit und Hoffnung auch in stürmischen Zeiten und dunklen Stunden. Wenn Schönheit und Jugend, Vitalität und Karriere, Leistung und Ansehen dahinschwinden, ist die bleibende Zusage der unwandelbaren Treue Gottes der Felsengrund, der jeden trägt, der sich auf ihn stellt.

Das ist die einzige Bedingung für das Gelingen dieses gewagten Lebens: Wer diesem Bergprediger, der mit Vollmacht predigt und auf den Verlass ist, zu folgen sucht, geht nicht irre, auch wenn er oftmals zurückbleibt.

> Wenn dein Wort nicht mehr soll gelten,
> worauf soll der Glaube ruhn?
> Mir ist's nicht um tausend Welten,
> aber um dein Wort zu tun.

Vom Hausbau 2

Ich will euch zeigen, wem ein Mensch gleicht, der zu mir kommt und meine Worte hört und danach handelt. Er ist wie ein Mann, der ein Haus baute und dabei die Erde tief aushob und das Fundament auf einen Felsen stellte. Als nun ein Hochwasser kam und die Flutwelle gegen das Haus prallte, konnte sie es nicht erschüttern, weil es gut gebaut war. Wer aber hört und nicht danach handelt, ist wie ein Mann, der sein Haus ohne Fundament auf die Erde baute. Die Flutwelle prallte dagegen, das Haus stürzte sofort in sich zusammen und wurde völlig zerstört. LUKAS 6,47–49

Worauf ist dein Leben gegründet?

Wort und Tat – das will Jesus uns klarmachen – sollen miteinander übereinstimmen. Tatsächlich ist es aber auch bei den Jüngern oft so, dass sie zwar sagen »Herr, Herr«, aber doch nicht tun, was er sagt. Solche Inkonsequenz eines Lippenbekenntnisses, wie auch wir es oft sprechen, kommt jedoch alsbald ans Licht. An den Früchten erkenne ich, was für ein Baum vor mir steht. Ein guter Baum trägt keine schlechten Früchte, ein schlechter keine guten. Darum: Rechte Rede soll aus der Kraft des Herzens kommen und damit unser ganzes Leben bestimmen.

Mit einem einprägsamen Gleichnis schließt Jesu Rede ab. Zwei Männer bauen ein Haus. Der eine achtet sorgfältig darauf, was für ein Fundament er bauen kann, und legt den Grund auf Fels. Damit hat er rechte Vorsorge getroffen. Denn wenn zu Beginn der Regenzeit, die in Palästina plötzlich hereinbricht, die Sturzfluten kommen, dann werden sie das Haus nicht erschüttern. Dieser Mann gleicht einem, der

Jesu Wort hört und tut. Doch da ist ein anderer, der kümmert sich nicht darum, was für ein Fundament sein Haus erhält. Er baut es, ohne es auf festen Grund zu stellen. Einige Zeit scheint das gutzugehen. Doch dann kommt die Bewährungsprobe. Die Wassermassen branden gegen das Haus, und es fällt alsbald in sich zusammen. Diesem Mann gleicht derjenige, der Jesu Rede hört und sie nicht tut.

Wo stehen wir? Worauf ist mein Leben gegründet? Diese Frage gibt uns Jesus zu bedenken. Es hat den Anschein, als könnte man lange Zeit unbedacht in den Tag hineinleben, ohne sich um das Fundament des Lebens Gedanken machen zu müssen. Viele denken so und handeln danach; vielleicht brüsten sie sich stolz und spotten über andere, die nicht unbedenklich sind wie sie. Aber erst wenn die Stunde der Bewährung kommt, wird sich zeigen, worauf das Leben eines Menschen steht. Daran soll ich heute denken und mir voller Zuversicht vor Augen halten: »Einen andern Grund kann niemand legen als den, der gelegt ist, Jesus Christus« (1 Kor 3,11).

> Wer Gott, dem Allerhöchsten, traut,
> der hat auf keinen Sand gebaut.

Von den spielenden Kindern 1

Mit wem soll ich diese Generation vergleichen? Sie gleicht Kindern, die auf dem Marktplatz sitzen und anderen Kindern zurufen: »*Wir haben für euch auf der Flöte (Hochzeitslieder) gespielt, und ihr habt nicht getanzt; wir haben Klagelieder gesungen, und ihr habt euch nicht an die Brust geschlagen. Johannes ist gekommen, er isst nicht und trinkt nicht, und sie sagen: Er ist von einem Dämon besessen. Der Menschensohn ist gekommen, er isst und trinkt; darauf sagen sie: Dieser Fresser und Säufer, dieser Freund der Zöllner und Sünder! Und doch hat die Weisheit durch die Taten, die sie bewirkt hat, recht bekommen.*

MATTHÄUS 11,16–19

Kindliche Gesellschaft

»Die kindliche Gesellschaft« heißt ein Buchtitel von Robert Bly zur Gefühlslage der westlichen Gesellschaft von 1996! Kindlich lebe diese Gesellschaft, weil sie Väter, Mütter, Großväter, Großmütter und Vorfahren abgeschafft habe. So entwurzelt könne sie nur noch horizontal denken. Demokratische Tugenden kommen ihr abhanden, Entscheidungen überlässt sie anderen. Verantwortung für sich und die Mitmenschen wird unbekannt. Eine kindliche Gesellschaft bilden in den Augen Jesu seine Gegner. Sie reagieren wie verhaltensgestörte Kinder auf dem Marktplatz, die nicht wissen, was sie wollen oder sollen.

Johannes der Täufer war gekommen und hatte zur Umkehr gerufen, aber er blies nicht die Flöte ihrer religiösen Trostbedürftigkeit. Darum dämonisierten sie ihn mit dem Hinweis, er übertreibe den Ernst der Gerichtsbotschaft der

Propheten. Gott sei ihnen gut, das sage ihnen ihr Gefühl. Dann kam der Menschensohn Jesus. Gerne ließ er sich zu Mahlzeiten mit seinen Jüngern einladen, als ob der Himmel schon auf Erden wäre. Aber er sang nicht mit bei ihren tief empfundenen Weltuntergangsliedern. Darum war er für sie ein Fresser und Weinsäufer, der sich mit Ausgeflippten abgab. Als missratener Sohn verdiene er die Todesstrafe (Dtn 21,20), auch wenn die Familie auf »geistige Verwirrung« plädiere (Mk 3,21). So hielten sie sich beide vom Hals: Johannes und Jesus, mit der kindlichen Vorstellung, keine Entscheidung treffen zu müssen. Wer das erste Gebot ernst nehme, werde ja zum Außenseiter in der Gesellschaft! Verantwortung vor Gott für sich und diese Welt bedeute ja, ein unbequemes Leben führen zu müssen.

Gott ist die Weisheit. Er erweckt sich auch aus Steinen Kinder (Mt 3,9), die wie Sara und Abraham Gottes Wort hören und entschlossen aufbrechen auf einen weiten und beschwerlichen Weg zu Gott. So wurden sie Segensträger für diese Welt. Heute stellt uns Jesus in die Entscheidung. Er will uns zu Segensträgern machen.

> Weck die tote Christenheit
> aus dem Schlaf der Sicherheit,
> dass sie deine Stimme hört,
> sich zu deinem Wort bekehrt.
> Erbarm dich, Herr.

Von den spielenden Kindern 2

Mit wem soll ich also die Menschen dieser Generation vergleichen? Wem sind sie ähnlich? Sie sind wie Kinder, die auf dem Marktplatz sitzen und einander zurufen: Wir haben für euch auf der Flöte (Hochzeitslieder) gespielt, und ihr habt nicht getanzt; wir haben Klagelieder gesungen, und ihr habt nicht geweint. Johannes der Täufer ist gekommen, er isst kein Brot und trinkt keinen Wein, und ihr sagt: Er ist von einem Dämon besessen. Der Menschensohn ist gekommen, er isst und trinkt; darauf sagt ihr: Dieser Fresser und Säufer, dieser Freund der Zöllner und Sünder! Und doch hat die Weisheit durch alle ihre Kinder recht bekommen.

LUKAS 7,31–35

Spielende Kinder

Durch das Fenster dringen Kinderstimmen herein. Sie rufen durcheinander – schreien – geben sich Regieanweisungen für Spiele. Ab und zu weint ein Kind. Es fehlt wohl an Einigkeit in der Gruppe der Kindertagesstätte. Oft scheitert die Gemeinsamkeit der Kinder an der Unfähigkeit, wirklich zu wissen, was sie wollen. Spiele brechen leicht wieder ab. Neues wird probiert! Das ist kindgemäß! Diese »Kinder«-Situation stellt Jesus den Pharisäern und Schriftgelehrten in der Frage der Johannes-Taufe als Gleichnisrede deutlich vor Augen. Menschen hatten sich von Johannes zur Buße und Taufe bewegen lassen. Nicht so die Pharisäer und Schriftgelehrten. Jesus spricht sie in einer allgemeinen Aussage als »Menschen dieser Generation« persönlich an.

»Eure Entscheidungsfindung ist erschwert durch kindliches Verhalten, das nicht weiß, was es will. Ihr traut euch

57

nicht eine gemeinsame neue Entscheidung zu. Ihr sagt lieber gleich Nein – ihr diskutiert hin und her. Wie bei Kinderspielen: Einige machen mit Stimme, Händen und Füßen Musik. Die anderen sollen dazu tanzen. Die wollen es aber nicht. Trauerspiele sind ebenso unbeliebt. Was wollen sie denn wirklich?«

Jesus sagt weiter im Vergleich der Kinderspiele: Johannes lebt als Asket. Das scheint verdächtig – »besessen« – weltfremd zu sein! Andererseits sind die fröhlichen Feiern von Jesus mit Randgruppen – Zöllnern und Sündern – ebenso verdächtig. Was wollt ihr denn wirklich? Die Entscheidung der Pharisäer und Schriftgelehrten für die Johannes-Taufe bleibt unbeantwortet. Die Bereitschaft zu einem Ja für das Neue braucht Gottes lebendigen Geist.

In V. 35 schließt das Gleichnis diesbezüglich mit einem starken Spruch: Nicht Außenstehende können die Wahrheit Gottes beurteilen und verstehen. Nur wer ihr vertraut, kann in sie hineinwachsen zum »Kind der Weisheit«. Es geht nicht mehr um Kinder der Unentschlossenheit, sondern um solche, die in Gott gewachsen sind. Das Gleichnis fragt uns nach der Art unseres »Kind-Seins«. Sind wir »Kinder Gottes« – entscheidungsfähige »Erwachsene im Glauben« – geworden?

> Gott unser Vater!
> Gib uns neu Liebe für deine Gebote
> und schenke uns die Kraft zur Entscheidung,
> unser Leben danach auszurichten
> durch Jesus Christus, deinen Sohn,
> unsern Herrn.

Von der Rückkehr der bösen Geister 1

Ein unreiner Geist, der einen Menschen verlassen hat, wandert durch die Wüste und sucht einen Ort, wo er bleiben kann. Wenn er aber keinen findet, dann sagt er: Ich will in mein Haus zurückkehren, das ich verlassen habe. Und wenn er es bei seiner Rückkehr leer antrifft, sauber und geschmückt, dann geht er und holt sieben andere Geister, die noch schlimmer sind als er selbst. Sie ziehen dort ein und lassen sich nieder. So wird es mit diesem Menschen am Ende schlimmer werden als vorher. Dieser bösen Generation wird es genauso gehen. MATTHÄUS 12,43–45

Achtung, Rückfallgefahr!

Alkoholiker lassen die Flaschen stehen, Raucher ziehen kein Päckchen mehr aus dem Automaten, keine Mark mehr für den Spieltisch oder das Pornokino, Blinde sehen, Gelähmte gehen, Taube hören. Ein wunderbares Gefühl, wieder gesund zu sein, frei von Sucht und Krankheit. Der Anbruch des Reiches Gottes geschieht nicht im Verborgenen. Jesus wirkt öffentlich, jeder, der will, kann es miterleben. Aufbruchstimmung, damals wie heute, überall dort, wo Gottes Geist lebendig wirken kann. Doch halt, keine falsche Glückseligkeit! Gefahr droht dem, der sich sauber und aufgeräumt in gesunder Sicherheit wähnt. Eben erst vertrieben, kehren die bösen Geister zu ihrem Ursprungsort zurück, wenn dort nichts Neues eingezogen ist, sich nur die große Leere breit gemacht hat.

Die Juden kannten wahrscheinlich diese Geschichte, die sie an Sprichwörter aus ihrer arabischen Umgebung erinnerte. Keine Erfindung Jesu, sondern eine alte Weisheit: Neues

59

entsteht nicht alleine dadurch, dass man Altes verdrängt. Neues muss selbst wachsen, den freigewordenen Raum mit Substanz ausfüllen. Es bedarf der kontinuierlichen Pflege. »Ein guter Mensch bringt Gutes hervor, weil er im Innersten gut ist.« Wie fülle ich mein Innerstes? Wie pflege ich, was da wächst?

Inmitten der normalen Geschäftigkeit können Ferien und gemeinsame Freizeiten Gelegenheit geben, neue Kraft zu tanken. »Die Urlaubszeit wird von den meisten Menschen zur Sinnsuche genutzt«, so erforschten Wissenschaftler das Freizeitverhalten. Aufatmen, die Seele baumeln lassen. Lesen Sie diesen Text gerade ganz entspannt irgendwo in der Ferne? Oder zu Hause? Orte mit Ruhe gibt es viele. Wir brauchen Zeiten, in denen wir dem Neuen in uns viel Raum geben, das Herz weit öffnen für das Wort Gottes, für neue Erfahrungen, für Ungewohntes und Fremdes. Im Urlaub und im Alltag. Wäre die Folge aber nur ein kurzes Hochgefühl, wir wären »am Ende schlimmer dran als am Anfang«. Achtung, Rückfallgefahr! Jesus selbst will uns helfen, den freien Raum in uns dauerhaft zu füllen mit neuem Leben. Jeden Tag neu.

> Du Herr über die Geister!
> Oft ist es in mir leer und dunkel.
> Dann überfallen mich finstere Gedanken,
> die mich nach unten ziehen.
> Erobere mein Herz mit deinem Wort,
> beschenke mich mit der Gewissheit
> deiner Gegenwart.

Von der Rückkehr der bösen Geister 2

Ein unreiner Geist, der einen Menschen verlassen hat, wandert durch die Wüste und sucht einen Ort, wo er bleiben kann. Wenn er keinen findet, sagt er: Ich will in mein Haus zurückkehren, das ich verlassen habe. Und wenn er es bei seiner Rückkehr sauber und geschmückt antrifft, dann geht er und holt sieben andere Geister, die noch schlimmer sind als er selbst. Sie ziehen dort ein und lassen sich nieder. So wird es mit diesem Menschen am Ende schlimmer werden als vorher.   LUKAS 11,24–26

Mysterium iniquitatis

Die Berichte der Evangelisten über Dämonen und Besessenheit bringen uns in Verlegenheit. Gehören sie nicht einer primitiven Stufe des menschlichen Bewusstseins an, auf der man noch keine genaueren medizinischen Kenntnisse von geistigen Störungen hatte? Der heilige Vinzenz von Paul (1576–1660) war es, der als erster die geistig Behinderten, die man zu seiner Zeit als Besessene betrachtete und an Ketten legte, als Kranke behandelte und damit zum Begründer der Psychiatrie wurde. Ist damit der biblische Befund geklärt?

Ich war kürzlich zum erstenmal in Auschwitz. Ich habe es noch nicht geschafft, dieses Erlebnis mit meiner Gottesvorstellung zusammenzubringen. Was dort und in den anderen KZs geschah, ist vielleicht das schlimmste Verbrechen der ganzen Menschheitsgeschichte, nicht nur wegen des Ausmaßes, sondern vor allem wegen der Perfektion dieser »Todesfabriken«. Wie war so was möglich in einem Kulturvolk, über 1000 Jahre von der christlichen Botschaft erzogen? Wir

61

werden hier an unseren Bibeltext erinnert. Wenn Getaufte sich von Christus abwenden, dann werden die letzten Dinge schlimmer als die ersten. Wir kommen nicht drum herum, hier das »abgründige Geheimnis zu sehen, das die Kirche das mysterium iniquitatis nennt, das Mysterium einer ganz realen, riesengroßen, außermenschlichen Macht« (Gertrud von le Fort, 1947).

Unser Text spricht deutlich von dieser finsteren Macht. Auffallend ist, dass sie im Wirken Jesu so gehäuft in Erscheinung tritt. R. Guardini erklärt das so: Wenn ein Splitter in unseren Körper eintritt, dann schickt das Blut weiße Blutkörperchen dorthin, den Eiter, um den Fremdkörper zu isolieren und hinauszudrängen. Mit dem Kommen Jesu tritt gewissermaßen ein Fremdkörper in das Reich des »Fürsten dieser Welt«. Er schickt massiert seine Hilfstruppen gegen diesen Angreifer.

In der Gegenwart beobachten wir ein Anwachsen des Satanskultes, vor allem bei der jungen Generation. »Wenn man Gott die Türe weist, steigt der Teufel zum Fenster hinein.« Dazu sagt uns die Bibel: »Seid nüchtern und wachsam... Widerstehet fest im Glauben!« (1 Petr 5,8f.)

> Herr Jesus Christus,
> du Sieger über Sünde und Tod, zeige uns,
> wo heute der Widersacher am Werke ist,
> und lehre uns,
> ihm Widerstand zu leisten im Glauben!

Vom verlorenen Schaf 1

Was meint ihr? Wenn jemand hundert Schafe hat und eines von ihnen sich verirrt, lässt er dann nicht die neunundneunzig auf den Bergen zurück und sucht das verirrte? Und wenn er es findet – amen, ich sage euch: er freut sich über dieses eine mehr als über die neunundneunzig, die sich nicht verirrt haben. So will auch euer himmlischer Vater nicht, dass einer von diesen Kleinen verloren geht.

MATTHÄUS 18,12–14

Nachgehende Liebe als christlicher Alltag ?

In der Bibel dient die wiederholte Bildwahl »Hirte und Herde« nicht kirchenkritischen Spöttern über eine unmündige Schafherde in der Hand fragwürdiger Autoritäten. Vielmehr beschreibt sie den hebräischen Alltag, wo Scheitern und Verlorengehen mitten in der Wüste auf dem Spiel stehen. Nach Lukas (15,1-7) verdeutlicht Jesus in unserem Gleichnis seinen Gegnern die Freude Gottes über jeden Verirrten, der sich zur Heimkehr bewegen lässt. Damit erklärt Jesus seinen Kritikern, warum er seinen Beruf als Heiland der Verlorenen über alles stellt. Im obigen Text geht es Jesus darum, anhand dieses Gleichnisses seine Jünger das Staunen zu lehren darüber, welchen Stellenwert selbst das Kleinste im Herzen des Vaters im Himmel hat: Gott gibt keinen auf, mag er noch so weit von der Wahrheit abgedriftet sein. »Was meint ihr dazu?« fragt Jesus seine Getreuen – damals wie heute. Wie verfahrt ihr in der Praxis mit solchen aus eurer Mitte, die sich von euch getrennt haben? Schreibt ihr sie ab? Oder setzt ihr alles daran, ihnen einfühlsam nachzugehen, um sie zurückzugewinnen, ohne moralische Vorwürfe oder »biblische« Drohreden?

63

Dazu gehört viel Demut. Nur wer sich täglich bewusst macht, das er selbst ohne Gottes unverdiente und unablässige Suchaktion längst in einer Sackgasse verkommen wäre, kann andere mit den gütigen Augen Jesu ansehen. Dann wendet er sich nicht mit Abscheu ab von Übeltätern, Prostituierten, Betrügern oder Heuchlern, sondern erkennt in ihren glanzlosen Gesichtern Gottes geliebte Kinder, die Gott nicht verlieren möchte.

»Was meint ihr dazu?« Wartet ihr, bis sie sich – was unwahrscheinlich ist – selbst auf den Heimweg machen, oder begebt ihr euch selbst auf die Suche nach ihnen, koste es, was es wolle – an Zeit, Selbstverleugnung und sogar mit dem Risiko, abgewiesen zu werden? Denn Jesus verbindet mit dem Suchauftrag an seine Jünger keine Erfolgsgarantie. Aber wenn ein solches Nach-Hause-Bringen gelingen sollte, wäre das nicht jede Mühe wert? Ohne solche aus dem Staunen über Gottes Großherzigkeit erwachsende Leidenschaft zum Finden verkommt die Kirche an ihrer selbstbescheinigten Rechtgläubigkeit zu einer gottlosen Sekte.

> Herr, erwecke deine Kirche
> und fange bei mir an.
> Bringe deine Wahrheit
> zu allen Menschen
> und fange bei mir an.

Vom verlorenen Schaf 2

A lle Zöllner und Sünder kamen zu ihm, um ihn zu hören. Die Pharisäer und die Schriftgelehrten empörten sich darüber und sagten: Er gibt sich mit Sündern ab und isst sogar mit ihnen.

Da erzählte er ihnen ein Gleichnis und sagte: Wenn einer von euch hundert Schafe hat und eins davon verliert, lässt er dann nicht die neunundneunzig in der Steppe zurück und geht dem verlorenen nach, bis er es findet? Und wenn er es gefunden hat, nimmt er es voll Freude auf die Schultern, und wenn er nach Hause kommt, ruft er seine Freunde und Nachbarn zusammen und sagt zu ihnen: Freut euch mit mir; ich habe mein Schaf wieder gefunden, das verloren war. Ich sage euch: Ebenso wird auch im Himmel mehr Freude herrschen über einen einzigen Sünder, der umkehrt, als über neunundneunzig Gerechte, die es nicht nötig haben umzukehren.   Lukas 15,1–7

Gott gibt keinen verloren

Es war bei einer Jugendevangelisation in Mecklenburg. Ein paar hundert junge Leute konnten Fragen stellen. Einer wollte den Jugendpastor aufs Kreuz legen und fragte: »Was macht der liebe Gott nach Feierabend?« Darauf der Jugendpastor: »Er macht sich Sorgen um dich.« Das von dem Fragesteller erhoffte Gelächter fand nicht statt.

Gott macht sich Sorgen um dich. So wie ein Hirt sich sorgt um ein Schaf, das sich von der Weide weg verloren hat, oder wie eine Hausfrau, wenn ihr ein Geldstück verloren gegangen ist. Gott sorgt sich um das Verlorene. Was heißt das: verloren sein? Das Schaf ist nicht mehr bei dem Hirten, dem es gehört, und nicht mehr bei der Herde, zu der es gehört. Der Groschen ist nicht mehr bei der Hausfrau, deren Eigentum er ist, und nicht mehr bei den anderen Groschen, mit denen zusammen er aufbewahrt war. Sie sind verloren, auch wenn das Schaf einen saftigen Grasflecken gefunden hat oder der Groschen zwischen Weinflaschen gerollt ist. Sie blieben verloren, wenn nicht jemand nach ihnen suchte, wenn der Hirte sagte: Auf das eine kann ich schon verzichten, das tut mir nicht weh; oder die Hausfrau: Der eine Groschen macht mich nicht arm. Es geht auch so. Aber genau dies sagt Gott nicht. Er gibt keinen verloren. Es geht ja um nicht weniger als um einen unauswechselbaren, unersetzlichen Menschen, einen, der in der tödlichen Gefahr ist, umzukommen in seiner ausweglosen Lage. Was ist die Welt gegen einen zitternden, verstörten oder einen stumpf gewordenen Menschen, der sich selbst verloren gibt, wo sie doch beide nie aufgehört haben, Gottes Eigentum zu sein! Wo wären wir, wenn Gott uns nicht nachgegangen wäre auf unseren Irr- und Abwegen, wenn er nicht immer wieder nach uns gerufen hätte? Gott gibt das Suchen nicht auf, bis er einen findet.

Wie er das macht? »Er hat viel tausend Weisen«, uns »heimzusuchen«. Weil es nichts Elenderes gibt, als sich von Gott weg verloren zu haben, darum ist die Freude so über alle Maße, wenn einer gefunden worden und wieder bei dem ist, dem er gehört. Freude nicht nur im Himmel, sondern auch bei allen, die das miterleben.

> Danke, Herr,
> dass du nicht aufhörst,
> uns nachzugehen,
> wenn wir uns verirrt haben!

Vom großen Abendmahl 1

*J*esus erzählte ihnen noch ein anderes Gleichnis: Mit dem Himmelreich ist es wie mit einem König, der die Hochzeit seines Sohnes vorbereitete. Er schickte seine Diener, um die eingeladenen Gäste zur Hochzeit rufen zu lassen. Sie aber wollten nicht kommen. Da schickte er noch einmal Diener und trug ihnen auf: Sagt den Eingeladenen: Mein Mahl ist fertig, die Ochsen und das Mastvieh sind geschlachtet, alles ist bereit. Kommt zur Hochzeit! Sie aber kümmerten sich nicht darum, sondern der eine ging auf seinen Acker, der andere in seinen Laden, wieder andere fielen über seine Diener her, misshandelten sie und brachten sie um. Da wurde der König zornig, er schickte sein Heer, ließ die Mörder töten und ihre Stadt in Schutt und Asche legen. Dann sagte er zu seinen Dienern: Das Hochzeitsmahl ist vorbereitet, aber die Gäste waren es nicht wert (eingeladen zu werden). Geht also hinaus auf die Straßen und ladet alle, die ihr trefft, zur Hochzeit ein. Die Diener gingen auf die Straßen hinaus und holten alle zusammen, die sie trafen, Böse und Gute, und der Festsaal füllte sich mit Gästen.*

Als sie sich gesetzt hatten und der König eintrat, um sich die Gäste anzusehen, bemerkte er unter ihnen einen Mann, der kein Hochzeitsgewand anhatte. Er sagte zu ihm: Mein Freund, wie konntest du hier ohne Hochzeitsgewand erscheinen? Darauf wusste der Mann nichts zu sagen. Da befahl der König seinen Dienern: Bindet ihm Hände und Füße und werft ihn hinaus in die äußerste Finsternis! Dort wird er heulen und mit den Zähnen knirschen. Denn viele sind gerufen, aber nur wenige auserwählt. MATTHÄUS 22,1–14

Zum Mahl geladen

»Kommt her zu mir alle, die ihr mühselig und beladen seid,
ich will euch erquicken.« Das ist der Ruf Jesu Christi. An alle ist er gerichtet. Jeder ist gerufen. Was Jesus verheißt, ist
Freude, Erfüllung, Geborgenheit. Johannes der Täufer hatte
die Predigt vom nahe herbeigekommenen Himmelreich mit
der Ankündigung des künftigen Zorns verbunden. Im Widerspruch dazu ist der Inhalt der Predigt Jesu die Freude und
Befreiung, die Gottes Herrschaft bringt. Jesus hat das Himmelreich einem König verglichen, der seinem Sohn die
Hochzeit ausrichtet und Gäste lädt. Weil sie nicht kommen,
schickt er seine Knechte auf die Straße, um einzuladen, wen
sie finden, Böse und Gute. Das Gleichnis fordert alle auf, die
Stunde nicht zu versäumen, in der Gott ruft.

Der vertraute Klang der Erzählung lässt vergessen, dass
sie nicht eine fromme Fabel ist. Es geht um die Existenz.
Dem Gleichnis von der königlichen Hochzeit fügt Matthäus
den Hinweis auf das Schicksal Jerusalems hinzu. Das ist die
Warnung vor dem, was geschieht, wenn man nicht zur rechten Stunde bereit ist und sich Gottes Ruf entziehen will: Die
Heilige Stadt wurde im Jahr 70 von den Römern erobert und
zerstört. Den Christen, für die Matthäus sein Evangelium
schrieb, war klar, dass sie selber mit denen gemeint waren,
die Gott wegen der Verstockung der Juden von der Land-
straße und von den Zäunen zu seinem Mahl gerufen hatte.

Aber das Gleichnis von der Einladung zum königlichen
Hochzeitsmahl an alle, die zu finden sind, hat im Bericht des
Matthäus einen Zusatz, der schwer zu verstehen ist. Unter denen, die von der Straße zum Fest hereingerufen wurden, sieht
der König einen, der kein hochzeitliches Gewand anhat. Ihn
lässt er fesseln und hinauswerfen in die Finsternis. Gottes Einladung gilt. Aber es ist nicht damit getan, dass man am kö-

68

niglichen Tische sitzt. Beim Propheten Jesaja ist ein Spruch überliefert: »Meine Seele ist fröhlich in meinem Gott; denn er hat mir die Kleider des Heils angezogen und mich mit dem Mantel der Gerechtigkeit bekleidet.« So nur auf sich selbst bedacht, wie er auf der Straße ist, kann einer vor Gott nicht bestehen. Wer dem Evangelium folgt, muss von Gott auch das neue Gewand annehmen, die neue Existenz, die Freude, die Gott gibt.

> O Jesu, mach uns selbst bereit
> zu diesem hohen Werke,
> schenk uns dein schönes Ehrenkleid
> durch deines Geistes Stärke.

Vom großen Abendmahl 2

*A*ls einer der Gäste das hörte, sagte er zu Jesus: Selig, wer im Reich Gottes am Mahl teilnehmen darf. Jesus sagte zu ihm: Ein Mann veranstaltete ein großes Festmahl und lud viele dazu ein. Als das Fest beginnen sollte, schickte er seinen Diener und ließ den Gästen, die er eingeladen hatte, sagen: Kommt, es steht alles bereit! Aber einer nach dem andern ließ sich entschuldigen. Der erste ließ ihm sagen: Ich habe einen Acker gekauft und muss jetzt gehen und ihn besichtigen. Bitte, entschuldige mich! Ein anderer sagte: Ich habe fünf Ochsengespanne gekauft und bin auf dem Weg, sie mir genauer anzusehen. Bitte, entschuldige mich! Wieder ein anderer sagte: Ich habe geheiratet und kann deshalb nicht kommen. Der Diener kehrte zurück und berichtete alles seinem Herrn. Da wurde der Herr zornig und sagte zu seinem Diener: Geh schnell auf die Straßen und Gassen der Stadt und hol die Armen und die Krüppel, die Blinden und die Lahmen herbei. Bald darauf meldete der Diener: Herr, dein Auftrag ist ausgeführt; aber es ist immer noch Platz. Da sagte der Herr zu dem Diener: Dann geh auf die Landstraßen und vor die Stadt hinaus und nötige die Leute zu kommen, damit mein Haus voll wird. Das aber sage ich euch: Keiner von denen, die eingeladen waren, wird an meinem Mahl teilnehmen.   LUKAS 14,15–24

Gottes Einladung will zu allen

Gott hat es heutzutage nicht leicht mit seiner Einladung. Sein Heilsangebot steht verwechselbar unter den bunten Glücksangeboten der Welt. Durch nichts eindeutig ausweisbar als das große, unvergleichliche Angebot des Lebens.

70

Gott lockt nicht an, sondern lädt ein. Zu einem Fest, an seinen gedeckten Tisch, zur Gemeinschaft mit ihm. Den Eingeladenen soll es bei ihm an nichts fehlen. Sie sollen »Leben und volles Genüge« haben.

Aber Gottes Einladung wird nicht angenommen. Sein Lebensangebot scheint nicht so wichtig zu sein, dass man anderes deswegen zurückstellen müsste. Keine gehässige Ablehnung; lauter freundliche, plausible Entschuldigungen. Heute könnten sie so lauten: Ich möchte erst meine Berufsausbildung beenden; ich möchte erst einmal das Leben ausprobieren, ehe ich mich festlege; ich möchte mir noch andere Möglichkeiten offenhalten. Warum wird der Hausherr darüber zornig? Das klingt doch alles kein bisschen böswillig. Weil hinter all den so harmlos klingenden Verweigerungen die Meinung steht: So wichtig ist Gottes Einladung, sein Lebensangebot, nun auch wieder nicht, dass man sich sofort darauf einlassen müsste. Dazu ist doch immer noch Zeit. Aber wer so denkt, täuscht sich. »Keiner von denen, die eingeladen waren, wird mein Gastmahl kosten«, sagt Jesus. Gott bietet sein Heil nicht feil wie Ramschware. Wer anderes für wichtiger hält, wird sehen, um was er sich gebracht hat.

Aber Gott lässt das Fest nicht ausfallen. Er zieht seine Einladung nicht zurück, sondern er übergeht die Ablehnenden und lädt andere ein. Der Bote muss noch zweimal los, zu den Geringen, Hilflosen, Verachteten und zu denen ganz draußen, den Unreligiösen, kirchlich Unbeleckten, den Weltkindern. Sie müssen nicht nur eingeladen, sondern regelrecht hereingenötigt werden. Sie haben offenbar besonders starke Hemmungen. Vielleicht befürchten sie, sich einen kleinkarierten Lebensstil angewöhnen zu müssen.

Die missionarische Gemeinde, zu der Jesus uns haben will, ist der Bote, der wieder und wieder ausgesandt wird.

Gott will, dass alle teilhaben sollen an seinem Heil, auch wenn es dann an den Tischen ein bisschen kunterbunt zugehen sollte. Es ist Platz für alle. Dass wir nur ja von keinem meinen, er passe da nicht hin!

> Send auch uns hinaus in Gnaden,
> viel frohe Gäste einzuladen
> zum Mahl in deines Vaters Haus.

Vom wachsamen Hausherrn 1

Seid also wachsam! Denn ihr wisst nicht, an welchem Tag euer Herr kommt.

Bedenkt: Wenn der Herr des Hauses wüsste, zu welcher Stunde in der Nacht der Dieb kommt, würde er wach bleiben und nicht zulassen, dass man in sein Haus einbricht. Darum haltet auch ihr euch bereit! Denn der Menschensohn kommt zu einer Stunde, in der ihr es nicht erwartet.

MATTHÄUS 24,42–44

Adventliche Erwartung
im »christlichen Abendland« heute?

Die Stunde letzter Rechenschaft ist nicht von uns zu bestimmen – Gott sei Dank! Sonst würde unser Leben noch mehr an geistlicher Spannkraft verlieren, etwa nach der Weise: Lasset uns essen und trinken, denn morgen sind wir tot. Die adventliche Erwartung wirkt sich einerseits befreiend aus auf unser Verhältnis zu Machthabern jeglicher Art. Gustav Heinemann hat das auf den rechten Punkt gebracht: »Lasst uns der Welt antworten, wenn sie uns furchtsam machen will: Eure Herren gehen, unser Herr aber kommt.« Wie werden wir aber mit der bedrohlichen Bildankündigung (wie ein Dieb in der Nacht) fertig, die uns doch eigentlich den Schlaf rauben müsste? Hier darf uns Johann Albrecht Bengel zwar nicht vertrösten, wohl aber in unserem Vertrauen auf Christus stärken: »Mancher, der sich vor dem Gerichte Gottes zu sehr gefürchtet hat, wird sich in der Ewigkeit ein klein wenig schämen müssen, dass er dem Herrn nicht noch mehr Gnade zugetraut hat.«

Diese zwei Ratschläge können uns helfen, dem Gleichnis näher zu kommen:

73

1. Wir müssen Jesu Ruf zur Wachsamkeit ernst nehmen, weil es dabei um Tod und Leben geht. Je weiter wir uns freilich zeitlich von der frühen Christenheit entfernen, desto mehr droht unser ernsthaftes Warten auf Christi Kommen zu verblassen. (Wo kommt der Hinweis darauf in heutigen Predigten überhaupt noch vor?) Aus diesem Schweigen beziehen Sekten ihre Anziehungskraft. Wo in der Christenheit die lebendige Hoffnung auf den Tag Christi erschlafft, garantieren sie genaue Zeitpläne und attraktive Prämien für alle »Treuen im Land« – natürlich nur für ihre Mitglieder. So öffnet unser Mangel an biblischer Wachsamkeit Verführern Tür und Tor.

2. Wer Jesu Erinnerung zum rechten Wachbleiben als Aufruf zu immer neuen Höchstleistungen – auf Kosten der Seele – missversteht, bringt sich selbst um die schöpferischen Pausen zum Hören auf Gott und um den Trost seiner Zusage: »Siehe, ICH mache alles neu.« Darum brauchen wir uns nicht als die »Macher« zu dünken und darüber Gott zu verpassen. »Mein Gott, ich bitt durch Christi Blut: Mach's nur mit meinem Ende gut.« Wer so stirbt, der stirbt wohl.

> Lieber Herr und Gott:
> wecke uns auf, damit wir bereit sind,
> wenn dein Sohn kommt,
> ihn mit Freude zu empfangen
> und dir mit reinem Herzen zu dienen.

Vom wachsamen Hausherrn 2

Bedenkt: Wenn der Herr des Hauses wüsste, in welcher Stunde der Dieb kommt, so würde er verhindern, dass man in sein Haus einbricht. Haltet auch ihr euch bereit! Denn der Menschensohn kommt zu einer Stunde, in der ihr es nicht erwartet.   LUKAS 12,39-40

Einbruchgefahr

Ausgehungert kam ich zum Weihnachtsfest 1945 nach Hause in der Vorfreude auf Mutters festliche Köstlichkeiten. Doch wenige Nächte zuvor waren Diebe bei Nacht in den Keller eingedrungen und hatten Mutters Vorräte mitlaufen lassen. Nur gut, dass Eltern und Geschwister nichts davon gehört hatten. Das hätte damals böse Folgen haben können.

Mit aggressiven Dieben rechnet Jesus nicht. Er geht davon aus, dass der Hausherr, wenn er zur rechten Zeit wach gewesen wäre, den Dieb gehört hätte, wie er die Lehmwand durchgräbt, um an begehrte Schätze zu kommen. Er hätte ihm das unredliche Handwerk legen können. Der Kriminalfall wird bei Jesus zum Gleichnis für das kommende Gottesreich. Gott kommt unauffällig, still und heimlich wie der Dieb in der Nacht.

Die geistlichen Verantwortungsträger in Israel haben wohl gewusst, dass Gott kommen wird, aber für ihre Zeit haben sie das nicht erwartet. Später – vielleicht – wer weiß es überhaupt? So lagen sie im geistlichen Schlaf. Ihre Gedanken und Entscheidungen, ihre Planungen und Termine machten sie, ohne mit dem Einbruch des Gottesreiches in diese Welt zu rechnen. Unvorbereitet waren sie, als das Reich Gottes mitten unter sie trat in der Person Jesu. Sie haben sich in Je-

75

sus getäuscht in der Überzeugung, dass die Weltgeschichte weiter gehen würde wie bisher. Wie will man denn heute sich modernster Technik bedienen und gleichzeitig den Einbruch des Gottesreiches erwarten? So denken zu viele geistliche Verantwortungsträger noch heute.

Seit dem unsinnigen Abwurf der Atombombe auf Hiroshima 1945 haben wir die atomare Unschuld verloren. Wir können diese Welt in einen toten Stern verwandeln. Das hat unser Leben bestimmt: Maßlose, angstgeschürte Aufrüstung in Ost und West mit tausendfachem »Overkill«. Die Weltgeschichte geht nicht so weiter wie bisher. Wir wissen es und verdrängen es mit Marschmusik auf der Titanic!

In diese Welt kommt das Evangelium mit der Siegesmeldung: Unser Herr kommt. Nichts ist gewisser als seine Zukunft! Bereitsein heißt: aus freudiger Gewissheit seines Kommens heute das tun, was dieser Glaubensgewissheit würdig ist.

> Dass Jesus siegt, bleibt ewig ausgemacht,
> sein wird die ganze Welt.

Vom treuen und vom bösen Knecht 1

Wer ist nun der treue und kluge Knecht, den der Herr eingesetzt hat, damit er dem Gesinde zur rechten Zeit gibt, was sie zu essen brauchen? Selig der Knecht, den der Herr damit beschäftigt findet, wenn er kommt! Amen, das sage ich euch: Er wird ihn zum Verwalter seines ganzen Vermögens machen. Wenn aber der Knecht schlecht ist und denkt: Mein Herr kommt noch lange nicht!, und anfängt, seine Mitknechte zu schlagen, wenn er mit Trinkern Gelage feiert, dann wird der Herr an einem Tag kommen, an dem der Knecht es nicht erwartet, und zu einer Stunde, die er nicht kennt; und der Herr wird ihn in Stücke hauen und ihm seinen Platz unter den Heuchlern zuweisen. Dort wird er heulen und mit den Zähnen knirschen. MATTHÄUS 24,45–51

Auftragsgemäßes Handeln

In der Bildrede vom treuen und bösen Knecht erläutert Jesus, dass die von ihm geforderte Wachsamkeit und Bereitschaft sich im konkreten Handeln seiner Jünger vollziehen soll. Während seiner leiblichen Abwesenheit von dieser Erde bis zu seiner Wiederkunft sollen wir an seiner Statt unseren Mitmenschen mit dem für sie Lebensnotwendigen, dem Worte Gottes, dienen. Wir sind klug, wenn wir diesen Auftrag gemäß dem Willen Gottes und nicht nach eigenem Gutdünken ausführen. Sind wir uns unserer Verantwortung Jesus und unseren Mitmenschen gegenüber bewusst, werden wir unsere Arbeit jederzeit sorgfältig und zuverlässig verrichten. Rechnen wir mit der baldigen Rückkehr unseres Herrn, möchten wir die uns übertragene Aufgabe ihm zuliebe und in seinem Sinne erfüllen. Handeln wir also entsprechend und in dem Wissen,

77

dass Gott nur das von uns verlangt, wozu er uns zuvor begabt hat!

Nehme ich aber Jesu Auftrag nicht ernst, bin unwillig zum Dienen, erhebe mich über meine Mitmenschen oder lasse sie nicht am Evangelium teilhaben, dann bin ich »böse«. Ohne Endzeiterwartung bin ich auch nicht darauf eingestellt, einmal vor dem Weltenrichter Jesus Rechenschaft über mein Leben ablegen zu müssen.

Der böse Knecht macht sich doppelt schuldig. Einmal kündigt er durch sein Zuwiderhandeln das Dienst- und Treueverhältnis zu seinem Herrn und verliert damit sein Bürgerrecht im Himmel. Zum anderen verhindert er durch sein Verhalten, dass andere Menschen die gute Nachricht kennen lernen, und versperrt ihnen so den Zugang zum Reich Gottes. Darum wird er im letzten Gericht zu einer harten Strafe verurteilt werden.

Ich verstehe dieses Gleichnis Jesu als eine ernste Warnung an uns Christen. Unsere Treue zu ihm und unsere Liebe unseren Mitmenschen gegenüber haben nicht nur Konsequenzen für die Frage, ob wir in die neue Welt Gottes gelangen oder nicht, sondern auch dafür, mit welchen Aufgaben wir dort betraut werden.

Noch ist Gnadenzeit! Noch ruft Gott auch den »bösen« Knecht und alle, die sich noch nicht zu Jesus als ihrem Herrn bekannt haben.

> Jesus! Oft genug sagt mir mein Herz:
> Mein Herr kommt noch lange nicht!
> So wenig lebe ich von deiner großen Liebe.
> Schenke mir ein Warten,
> wie nur Liebende warten können.

Vom treuen und vom bösen Knecht 2

Wer ist denn der treue und kluge Verwalter, den der Herr einsetzen wird, damit er seinem Gesinde zur rechten Zeit die Nahrung zuteilt? Selig der Knecht, den der Herr damit beschäftigt findet, wenn er kommt. Wahrhaftig, das sage ich euch: Er wird ihn zum Verwalter seines ganzen Vermögens machen. Wenn aber der Knecht denkt: Mein Herr kommt noch lange nicht zurück!, und anfängt, die Knechte und Mägde zu schlagen; wenn er isst und trinkt und sich berauscht, dann wird der Herr an einem Tag kommen, an dem der Knecht es nicht erwartet, und zu einer Stunde, die er nicht kennt; und der Herr wird ihn in Stücke hauen und ihm seinen Platz unter den Ungläubigen zuweisen.

Der Knecht, der den Willen seines Herrn kennt, sich aber nicht darum kümmert und nicht danach handelt, der wird viele Schläge bekommen. Wer aber, ohne den Willen des Herrn zu kennen, etwas tut, was Schläge verdient, der wird wenig Schläge bekommen. Wem viel gegeben wurde, von dem wird viel zurückgefordert werden, und wem man viel anvertraut hat, von dem wird man um so mehr verlangen.

LUKAS 12,42–48

Glaubendes Offensein als Treue und Wachsamkeit

»Aus den Augen – aus dem Sinn«, heißt ein bekanntes Sprichwort. Auf das Gleichnis vom treuen und vom schlechten Knecht übertragen, heißt das: Die Abwesenheit des Herrn bringt fast zwangsläufig die Gefahr mit sich, dass die Verbindung lockerer wird, dass sein Einfluss weniger bestimmend ist. Lukas will damit eine Gefahr signalisieren, in der sich die junge Kirche seiner Zeit befand, die aber genauso für alle Christen gilt: dass sich Ermüdungserscheinungen

79

breitmachen und die Versuchung zur Gleichgültigkeit droht, weil die erwartete Wiederkunft des Herrn ausbleibt und nicht nach menschlichen Maßstäben und Erwartungshaltungen kalkulierbar ist. In dieser »Zeit der Kirche« zwischen Wirken und Wiederkunft Jesu gilt: Auch wenn der Herr aus den Augen ist, muss er im Sinn, besser noch: im Herzen sein! Dieses »hörende Herz« (1 Kön 3,9) schafft die nötige Sensibilität, macht wahrnehmungsfähig für die Vor-Zeichen der Ankunft und ermöglicht in dieser suchenden Grundausrichtung auf Jesus die Haltung der Wachsamkeit.

Solche Wachsamkeit meint gerade in der Aufgabe des Leitungs- und Vorsteherdienstes als Antwort an Petrus (vgl. V.41) etwas total anderes als kleinliches »Überwachen«: Warten auf den Herrn verträgt sich nicht mit Selbstherrlichkeit, die nur zu leicht andere unterdrückt und zur Anmaßung wird. Die Treue zum Auftrag des Herrn zeigt sich vielmehr gerade in dessen Abwesenheit, die, auf Jesus bezogen, eigentlich immer »nur« eine Form unsichtbarer und doch wirksamer Gegenwart ist, in einer Art stellvertretender Fürsorge, die den Blick für das hat, was den Menschen not tut (V. 42). Die Erfüllung eines solchen Verhaltens wird in der Erfahrung einer Gemeinschaft bestehen, in der Gott selbst sein Leben unwiderruflich mit dem Menschen teilt (V. 44) und ihn spüren lässt, dass der »Wachdienst« auf sein Kommen hin ein – wenn auch vor-läufiges – Hindeuten auf seine ureigene dienende Liebe ist, in die hinein er den Menschen vollenden will.

> Jesu, stärke deine Kinder
> und mach aus denen Überwinder,
> die du erkauft mit deinem Blut.
> Schaffe in uns neues Leben,
> dass wir uns stets zu dir erheben,
> wenn uns entfallen will der Mut.

80

Vom anvertrauten Gut 1

E^{*s ist wie mit einem Mann, der auf Reisen ging: Er rief*}
*seine Diener und vertraute ihnen sein Vermögen an.
Dem einen gab er fünf Talente Silbergeld, einem anderen
zwei, wieder einem anderen eines, jedem nach seinen Fähigkeiten. Dann reiste er ab. Sofort begann der Diener, der fünf
Talente erhalten hatte, mit ihnen zu wirtschaften, und er gewann noch fünf dazu. Ebenso gewann der, der zwei erhalten
hatte, noch zwei dazu. Der aber, der das eine Talent erhalten
hatte, ging und grub ein Loch in die Erde und versteckte das
Geld seines Herrn. Nach langer Zeit kehrte der Herr zurück,
um von den Dienern Rechenschaft zu verlangen. Da kam der,
der die fünf Talente erhalten hatte, brachte fünf weitere und
sagte: Herr, fünf Talente hast du mir gegeben; sieh her, ich
habe noch fünf dazugewonnen. Sein Herr sagte zu ihm: Sehr
gut, du bist ein tüchtiger und treuer Diener. Du bist im Kleinen ein treuer Verwalter gewesen, ich will dir eine große
Aufgabe übertragen. Komm, nimm teil an der Freude deines
Herrn! Dann kam der Diener, der zwei Talente erhalten hatte, und sagte: Herr, du hast mir zwei Talente gegeben; sieh
her, ich habe noch zwei dazugewonnen. Sein Herr sagte zu
ihm: Sehr gut, du bist ein tüchtiger und treuer Diener. Du
bist im Kleinen ein treuer Verwalter gewesen, ich will dir eine große Aufgabe übertragen. Komm, nimm teil an der Freude deines Herrn! Zuletzt kam auch der Diener, der das eine
Talent erhalten hatte, und sagte: Herr, ich wusste, dass du
ein strenger Mann bist; du erntest, wo du nicht gesät hast,
und sammelst, wo du nicht ausgestreut hast; weil ich Angst
hatte, habe ich dein Geld in der Erde versteckt. Hier hast du
es wieder. Sein Herr antwortete ihm: Du bist ein schlechter
und fauler Diener! Du hast doch gewusst, dass ich ernte, wo
ich nicht gesät habe, und sammle, wo ich nicht ausgestreut*

habe. Hättest du mein Geld wenigstens auf die Bank ge-
bracht, dann hätte ich es bei meiner Rückkehr mit Zinsen
zurückerhalten. Darum nehmt ihm das Talent weg und gebt
es dem, der die zehn Talente hat! Denn wer hat, dem wird ge-
geben, und er wird im Überfluss haben; wer aber nicht hat,
dem wird auch noch weggenommen, was er hat. Werft den
nichtsnutzigen Diener hinaus in die äußerste Finsternis!
Dort wird er heulen und mit den Zähnen knirschen.

MATTHÄUS 25,14–30

Mit den anvertrauten Talenten etwas machen

Wir gehen dem kommenden Christus entgegen, der uns in
seine Freude hineinholen will und der uns davor bewahren
möchte, dass unser Leben einmal im großen Heulen endet.
Darum erzählt er uns dieses Gleichnis. Auch hier bildet den
Hintergrund die sich so lange dahindehnende Zeit, in der der
Herr abwesend zu sein scheint und die darum für die Seinen
so schwer zu bestehen ist: Mit Gottes Reich verhält es sich
so wie bei einem »Menschen, der außer Landes ging« und
der »nach langer Zeit wiederkam«. Aber dieser lange Zeit-
raum dazwischen soll für die Seinen nicht zum Wartesaal der
Zukunft werden, in dem sie sinnlos dahindösen. Der Herr
lässt sie nicht leer zurück, sondern übergibt ihnen sein
ganzes Vermögen. Er teilt es zwar in unterschiedlichem Maß
zu, aber keiner geht leer aus, und auch der mit dem geringsten Anteil hat so viel, dass er damit etwas Sinnvolles ausrichten kann.

Der Herr gibt seinen Leuten keine Anweisungen. Wem er
so viel anvertraut, dem traut er auch zu, dass er weiß, wozu
er es bekommen hat. Es ist ihm dazu gegeben, dass er es einsetzt und mit ihm etwas einbringt. Der Herr freut sich, und

82

wir erfahren, dass es ihm Freude macht, wenn wir mit dem, was er uns anvertraut hat – mit unserer musischen, seelsorgerlichen, pädagogischen, organisatorischen, handwerklichen Begabung, unserem »Vermögen« zu beten, zuzuhören, zu trösten (im griechischen Text ist von »Talenten« die Rede) –, etwas ausrichten, wodurch Menschen für ihn gewonnen werden, wodurch Friede, Gerechtigkeit, Freude unter den Menschen vermehrt werden und die Liebe zunimmt.

Und genau dies unterlässt der dritte Knecht. Er veruntreut das ihm anvertraute »Vermögen« zwar nicht, aber er lässt es nicht arbeiten, sondern verwahrt es nur aus Angst vor dem Risiko. Nur ja nichts von dem Überkommenen aufs Spiel setzen! Wenn er etwa sein theologisches Gold auf dem Feld des Politischen ins Geschäft brächte, könnte es ja zu Substanzverlusten kommen. Aber wer Gottes Gaben nicht einsetzt, geht ihrer verlustig und bringt sich um die Freude Gottes. Im übrigen: Der Herr erwartet nicht, dass ich mit meinen Gaben dasselbe zustande bringe wie die Begabteren. Ich muss mich nicht an ihnen messen und mir die Freude an meiner bescheideneren Gabe vermiesen lassen.

> Herr, lass mich mit meiner Gabe
> etwas Gutes für dich einbringen!

Vom anvertrauten Gut 2

Weil Jesus schon nahe bei Jerusalem war, meinten die Menschen, die von all dem hörten, das Reich Gottes werde sofort erscheinen. Daher erzählte er ihnen ein weiteres Gleichnis. Er sagte: Ein Mann von vornehmer Herkunft wollte in ein fernes Land reisen, um die Königswürde zu erlangen und dann zurückzukehren. Er rief zehn seiner Diener zu sich, verteilte unter sie Geld im Wert von zehn Minen und sagte: Macht Geschäfte damit, bis ich wiederkomme. Da ihn aber die Einwohner seines Landes hassten, schickten sie eine Gesandtschaft hinter ihm her und ließen sagen: Wir wollen nicht, dass dieser Mann unser König wird. Dennoch wurde er als König eingesetzt. Nach seiner Rückkehr ließ er die Diener, denen er das Geld gegeben hatte, zu sich rufen. Er wollte sehen, welchen Gewinn jeder bei seinen Geschäften erzielt hatte. Der erste kam und sagte: Herr, ich habe mit deiner Mine zehn Minen erwirtschaftet. Da sagte der König zu ihm: Sehr gut, du bist ein tüchtiger Diener. Weil du im Kleinsten zuverlässig warst, sollst du Herr über zehn Städte werden. Der zweite kam und sagte: Herr, ich habe mit deiner Mine fünf Minen erwirtschaftet. Zu ihm sagte der König: Du sollst über fünf Städte herrschen. Nun kam ein anderer und sagte: Herr, hier hast du dein Geld zurück. Ich habe es in ein Tuch eingebunden und aufbewahrt; denn ich hatte Angst vor dir, weil du ein strenger Mann bist: Du hebst ab, was du nicht eingezahlt hast, und erntest, was du nicht gesät hast. Der König antwortete: Aufgrund deiner eigenen Worte spreche ich dir das Urteil. Du bist ein schlechter Diener. Du hast gewusst, dass ich ein strenger Mann bin? Dass ich abhebe, was du nicht eingezahlt habe, und ernte, was ich nicht gesät habe? Warum hast du dann mein Geld nicht auf die Bank gebracht? Dann hätte ich es bei der Rückkehr mit Zin-

*sen abheben können. Und zu den anderen. die dabeistanden,
sagte er: Nehmt ihm das Geld weg, und gebt es dem, der die
zehn Minen hat.*

*Sie sagten zu ihm: Herr, er hat doch schon zehn. (Da er-
widerte er:) Ich sage euch: Wer hat, dem wird gegeben werden; wer aber nicht hat, dem wird auch noch weggenommen,
was er hat. Doch meine Feinde, die nicht wollten, dass ich
ihr König werde – bringt sie her, und macht sie vor meinen
Augen nieder!*   LUKAS 19,11–27

Sind Sie ungeduldig?

Ungeduldig – ich meine: ganz stark sehnsüchtig.

Denken Sie bei »Ungeduld« nicht an »Nervosität« – ich
meine nicht den Zustand, wenn jemand mit Herzklopfen,
Kopfweh oder fahrigem Blick auffällt und bei den alltäg-
lichsten Handhabungen seine Bewegung nicht mehr gezielt
koordiniert. Sondern ich denke an Ungeduld als ein energi-
sches Vorantreiben, ein entschiedenes Pochen auf Aktion.

Sie merken schon – ich beschreibe Ungeduld nicht besonders negativ. Und die Ungeduld, von der ich schreibe, ist
kein Widerspruch zur Geduld.

In unserem Textabschnitt spricht Jesus zu ganz Ungeduldigen (V.11), zu solchen Nachfolgerinnen und Nachfolgern,
die heiß und sehnsüchtig den Anbruch von Gottes Herrschaft
erwarten. Vielleicht haben Sie solche Menschen oder solche
Gemeinschaften bereits erlebt: Ungeduldig wird um die Heilung einer Kranken gebetet, ungeduldig wird das Gelingen
einer Prüfung erwartet. »Der Segen Gottes muss doch kommen!«

Was aber spricht Jesus an mit seinem Gleichnis, das er
den Ungeduldigen sagt? Geh sorgsam um mit deinen Gaben

und Fähigkeiten. Setz sie so ein, dass mehr davon wird für diese Welt – und behalte sie nicht für dich (V. 20). Richte dich darauf ein, dass du für eine Zeit verantwortlich bist – du, nicht nur dein Gruppenleiter, nicht nur dein Pfarrer, nicht nur dein Bischof oder deine Regierung, nicht nur der Geist des Herrn. Sei hartnäckig und genau.

Gewiss, Gott schenkt Heilung und Gelingen. Und er möchte, dass die Seinen am Gelingen mitarbeiten – kränklich oder gesund, geschwächt oder munter, Prüfung nicht bestanden oder bestanden.

Denn nicht Geduld ist das Gegenteil der Ungeduld – Trägheit heißt das Gegenteil.

> Gütiger Gott,
> lass mich heute wachen und nüchtern sein.
> Gib mir Kraft,
> geduldig zu bleiben an diesem Tag
> und mich den Aufgaben zu stellen,
> die mich heute herausfordern.

Vom Unkraut unter dem Weizen

Und Jesus erzählte ihnen noch ein anderes Gleichnis:Mit dem Himmelreich ist es wie mit einem Mann, der guten Samen auf seinen Acker säte. Während nun die Leute schliefen, kam sein Feind, säte Unkraut unter den Weizen und ging wieder weg. Als die Saat aufging und sich die Ähren bildeten, kam auch das Unkraut zum Vorschein. Da gingen die Knechte zu dem Gutsherrn und sagten: Herr, hast du nicht guten Samen auf deinen Acker gesät? Woher kommt dann das Unkraut? Er antwortete: Das hat ein Feind von mir getan. Da sagten die Knechte zu ihm: Sollen wir gehen und es ausreißen? Er entgegnete: Nein, sonst reißt ihr zusammen mit dem Unkraut auch den Weizen aus. Lasst beides wachsen bis zur Ernte. Wenn dann die Zeit der Ernte da ist, werde ich den Arbeitern sagen: Sammelt zuerst das Unkraut und bindet es in Bündel, um es zu verbrennen; den Weizen aber bringt in meine Scheune.

Dann verließ er die Menge und ging nach Hause. Und seine Jünger kamen zu ihm und sagten: Erkläre uns das Gleichnis vom Unkraut auf dem Acker. Er antwortete: Der Mann, der den guten Samen sät, ist der Menschensohn; der Acker ist die Welt; der gute Samen, das sind die Söhne des Reiches; das Unkraut sind die Söhne des Bösen; der Feind, der es gesät hat, ist der Teufel; die Ernte ist das Ende der Welt; die Arbeiter bei dieser Ernte sind die Engel. Wie nun das Unkraut aufgesammelt und im Feuer verbrannt wird, so wird es auch am Ende der Welt sein: Der Menschensohn wird seine Engel aussenden, und sie werden aus seinem Reich alle zusammenholen, die andere verführt und Gottes Gesetz übertreten haben, und werden sie in den Ofen werfen, in dem das Feuer brennt. Dort werden sie heulen und mit den Zähnen knirschen. Dann werden die Gerechten im Reich ihres Vaters wie die Sonne leuchten. Wer Ohren hat, der höre! MATTHÄUS 13,24–30.36–43

Mit Stumpf und Stil?

Jedes Gleichnis hat einen springenden Punkt, in diesem Fall: Die Sache Gottes wird nicht von uns entschieden. Nicht wir haben letztlich Gericht zu halten über Gegner und Freunde. Die Unterscheidung zwischen gut und böse, zwischen anständig und unanständig ist letztlich Gottes Sache! Das macht frei von der Sorge, wir müssten das Heil der Welt in die eigenen Hände nehmen und das Reich Gottes mit unserer Kraft schaffen. Diese Ernte ist das Ende der Welt. Die Schnitter sind die Engel – also nicht wir! Gott selbst bestimmt den Termin seiner Ernte. Bis dahin sind wir freilich aus unserer begrenzten Verantwortung nicht entlassen. Manchmal wird sie uns zu schwer, weil nicht alles nach unserem Plan zu laufen scheint. Das ist wie im Gleichnis: Manches entwickelt sich unberechenbar und überraschend. Wir können nicht alles überwachen. Wir hatten es doch so gut gemeint, und dann kam alles anders. Warum erspart uns Gott die Misserfolge nicht? Warum lässt er uns trotz allen guten Willens immer wieder scheitern – in der Familie, im Berufsleben, im Umgang mit anderen Menschen und mit der eigenen Seele? Mit heiligem Zorn möchten wir dazwischenfahren, wo sich das Böse meldet. Aber was wäre die Folge? Zertretene Menschen, verwundete Existenzen, ausgeblasene Hoffnungen.

Wer Unkraut ausrottet, verdirbt damit oft auch den Weizen – ist diese Erfahrung aus der Landwirtschaft nicht auch auf das zwischenmenschliche Verhältnis anzuwenden? Der Verführung gilt es zu widerstehen, aber den Verführer dürfen wir nicht hassen – trotz allem. Denn die Feindesliebe der Bergpredigt schließt auch ihn ein. Nur dann kann er sich ändern. Hier werden wir geimpft gegen die »heilige« Ungeduld, gegen die verständliche Intoleranz und gegen den »frommen«

Radikalismus, der sich so schnell anbietet, um klare Verhältnisse zu schaffen. Wie gern möchten wir dem Übel an die Wurzel gehen und vergessen, dass wir mit unserer Kampfmethode
»mit Stumpf und Stiel« vielleicht nur noch mehr Unheil an-
richten würden. Wir brauchen es nicht. Denn Christus sitzt im
Regiment. Er will heilen und retten, nicht zerstören. Seine
Waffe ist das befreiende Wort. Sein Merkmal ist die leben-
spendende Geduld. Leben wir nicht auch selbst davon?

> Herr, wir danken dir,
> dass du Geduld mit uns hast
> und uns nicht ausrottest,
> obwohl wir so oft versagt haben.
> Lass uns diese Geduld lernen.

Vom Schatz und von der Perle

*M*it dem Himmelreich ist es wie mit einem Schatz, der in einem Acker vergraben war. Ein Mann entdeckte ihn, grub ihn aber wieder ein. Und in seiner Freude verkaufte er alles, was er besaß, und kaufte den Acker. Auch ist es mit dem Himmelreich wie mit einem Kaufmann, der schöne Perlen suchte. Als er eine besonders wertvolle Perle fand, verkaufte er alles, was er besaß, und kaufte sie.

MATTHÄUS 13,44–46

Chance nutzen

Die einmalige Gelegenheit zum Glück ist ein uralter Traum der Menschen. In alten Märchen und Sagen begegnet er uns überall. Aber auch bei modernen Schriftstellern finden wir ihn heute. Der Wunsch, einmal das große Glück zu finden, bringt Woche für Woche viele Menschen in die Lotto-Annahme-Stellen. Auch manche Anstrengungen, die wir in unserer Arbeit machen, haben das große Glück zum Ziel. Das kostet Mühe und Anstrengung. Umsonst findet man es nicht.

Der Bibeltext ist anders. Das große Glück fällt einem plötzlich und unerwartet zu. Die Chance für das Leben liegt vor einem. Eigentlich kaum denkbar, dass man sie nicht nutzt. In diesem Falle ist es gar nicht so schwer, alles daran zu geben. Wenn man es genau besieht, ist es kein Risiko. Der Gewinn ist unendlich viel größer als der Einsatz. Das Gleichnis redet von der Überraschung, die Gott für uns bereit hält. Das Leben in der Verbindung mit ihm und darum die Hingabe an die Mitmenschen ist das Kostbarste, was es geben kann. Dieser Schatz ist jeden Einsatz wert.

Mit dem Satz: »Zum ersten Male merke ich, dass ich gebraucht werde«, saß er vor mir. Der junge Mann mit den be-

sten Zeugnissen und einer glänzenden Zukunft. Sein Können und seine guten Verbindungen ebnen ihm den Weg in die
oberen Etagen der Wirtschaft. Er kann viel. Er will viel. Vor
einigen Wochen aber besuchte er einen Freund, der seinen
Zivildienst bei geistig behinderten Kindern ableistete. Ein
geistig kranker Junge hatte ihn umarmt und gesagt: »Ich habe dich lieb, bleib bei uns.« Er blieb. Kopfschütteln gab es
bei Eltern und Freunden. Er verließ vieles, aber er merkte:
»Ich werde gebraucht!« Das war ihm der Einsatz wert.

In der Beziehung zu Gott und der Hinwendung zum Menschen kann man das oft erfahren. Gott hält Überraschungen
bereit. Glaube und Liebe vermehren sich, je mehr man davon abgibt.

> Herr, unser Gott, wir danken dir,
> dass du uns immer mehr gibst,
> als wir von dir erwarten.
> Lass uns bereit sein für deine neuen Wege
> und Möglichkeiten mit uns.

Vom Fischnetz

Weiter ist es mit dem Himmelreich wie mit einem Netz, das man ins Meer warf, um Fische aller Art zu fangen. Als es voll war, zogen es die Fischer ans Ufer; sie setzten sich, lasen die guten Fische aus und legten sie in Körbe, die schlechten aber warfen sie weg. So wird es auch am Ende der Welt sein: Die Engel werden kommen und die Bösen von den Gerechten trennen und in den Ofen werfen, in dem das Feuer brennt. Dort werden sie heulen und mit den Zähnen knirschen. MATTHÄUS 13,47–50

Fische aller Art

Stellen wir uns eine Szene am See Genezareth vor: Fischer tun ihr Tagewerk. Mit zwei Booten sind sie hinausgefahren. In den Fischgründen angekommen, werfen sie ihr Schleppnetz aus. Das Netz ist groß, unten mit Steinen beschwert, oben mit Korkstücken versehen, damit es sich zwischen den Booten ausspannen kann. Die Boote fahren auf das Ufer zu, das Netz im Schlepptau. Allmählich füllt es sich. Fische aller Art sind darin beieinander. Mit prall gefülltem Netz gelangen die Fischer ans Ufer. Der Fang wird an Land gezogen, und dann werden die Fische verlesen. Die guten kommen zum Genuss oder zur Weiterverarbeitung in Gefäße, die schlechten wirft man weg, das heißt in den See zurück.

Die Szene – für Jesus ist sie ein Gleichnis: So wie in diesem Schleppnetz Fische aller Art beieinander sind, so sind auf dem Zug ins Himmelreich Menschen aller Art beieinander. Wer weiß schon, solange das Netz durchs Wasser gezogen wird, welche Fische am Ende die guten und welche die

schlechten sein werden, welche man brauchen kann und
welche man wegwerfen muss? Wer weiß das schon bei den
Menschen, die miteinander unterwegs sind in Kirchen und
Gruppen, in Gemeinden und Gemeinschaften?

Am Ende freilich wird es zu einer Scheidung kommen,
am Jüngsten Tag, nicht vorher, aber am Ende gewiss. Und
vorher? Vorher sind die Menschen aller Art beieinander wie
die Fische im Schleppnetz. Vorher bringt »ein guter Mensch
Gutes hervor aus dem guten Schatz seines Herzens; und ein
böser Mensch bringt Böses hervor aus seinem bösen Schatz«
(Mt 12,35). Beide gehen auf den Jüngsten Tag zu, und sie
sollen es wissen, jetzt schon. Denn es könnte sein, dass einer
sich warnen lässt. In zwei Richtungen sollen wir uns warnen
lassen:

1. Richtet nicht vor der Zeit, nehmt vielmehr an, dass Fische
   aller Art mit euch zusammen im Netz sind, das von Gott
   an Land gezogen wird.

2. Fangt an zu verstehen, was ihr tut. Ihr habt es selbst in der
   Hand, ob Gott euch am Ende brauchen kann.

> Du Menschenfischer Jesus,
> auch ich kleiner Fisch bin in deinem Netz.
> Nur deine große Liebe kann mich retten.
> Ich schaue auf dich, den Gekreuzigten,
> und hänge an deiner Liebe.

Vom unbarmherzigen Gläubiger

*M*it dem Himmelreich ist es deshalb wie mit einem König, der beschloss, von seinen Dienern Rechenschaft
zu verlangen. Als er nun mit der Abrechnung begann, brachte man einen zu ihm, der ihm zehntausend Talente schuldig
war. Weil er aber das Geld nicht zurückzahlen konnte, befahl
der Herr, ihn mit Frau und Kindern und allem, was er besaß,
zu verkaufen und so die Schuld zu begleichen. Da fiel der
Diener vor ihm auf die Knie und bat: Hab Geduld mit mir!
Ich werde dir alles zurückzahlen. Der Herr hatte Mitleid mit
dem Diener, ließ ihn gehen und schenkte ihm die Schuld. Als
nun der Diener hinausging, traf er einen anderen Diener seines Herrn, der ihm hundert Denare schuldig war. Er packte
ihn, würgte ihn und rief: Bezahl, was du mir schuldig bist!
Da fiel der andere vor ihm nieder und flehte: Hab Geduld
mit mir! Ich werde es dir zurückzahlen. Er aber wollte nicht,
sondern ging weg und ließ ihn ins Gefängnis werfen, bis er
die Schuld bezahlt habe. Als die übrigen Diener das sahen,
waren sie sehr betrübt; sie gingen zu ihrem Herrn und be-
richteten ihm alles, was geschehen war. Da ließ ihn sein
Herr rufen und sagte zu ihm: Du elender Diener! Deine
ganze Schuld habe ich dir erlassen, weil du mich so ange-
fleht hast. Hättest nicht auch du mit jenem, der gemeinsam
mit dir in meinem Dienst steht, Erbarmen haben müssen, so
wie ich mit dir Erbarmen hatte? Und in seinem Zorn über-
gab ihn der Herr den Folterknechten, bis er die ganze Schuld
bezahlt habe. Ebenso wird mein himmlischer Vater jeden von
euch behandeln, der seinem Bruder nicht von ganzem Herzen vergibt. MATTHÄUS 18,23–35

Wer ist »grenzenlos« zum Verzeihen bereit?

Die Antwort kann nur lauten: Gott! Aber dass diese göttliche
»Gabe« zur »Aufgabe« unseres menschlichen Alltags werden muss, fällt uns so schwer. Zunächst scheint uns die Frage des Petrus sehr sympathisch: »Wie oft muss ich meinem
Mitmenschen vergeben?« Denn wir meinen ja meistens,
dass alles auf Gegenseitigkeit beruht. Die Lebensphiloso-
phie so mancher Eltern lautet: »Kind, lass dir nichts gefallen
und setz dich brutal durch!«

Ganz anders sieht es aber aus, wenn Jesus in der Parabel
vom unbarmherzigen Knecht sein Wort an Petrus verdeutlicht: Die Vergebungsbereitschaft muss grenzenlos sein (im
Bild ausgedrückt: »siebenundsiebzigmal«; im Gegensatz zur
hemmungslosen Rache von Lamech: 1 Mose 4,24). Warum
wird von Christinnen und Christen eine so unermesslich
großzügige Grundhaltung gefordert, wenn es um die Vergebung von Schuld geht? Der Blick auf die Parabel genügt: »In
der Verzeihung des Unverzeihlichen ist der Mensch der göttlichen Liebe am ähnlichsten« (Gertrud von le Fort). Denn
die unendlich hohe Schuld, die dieser König seinem Knecht
nachlässt (es handelt sich um die unvorstellbare Riesensum-
me von 100 Millionen Denaren), ist nicht einmal vergleich-
bar mit dem läppischen Betrag von etwa 100 Denaren, die
der Knecht von seinem Mitknecht auf grausame Weise ein-
treibt.

Wer riesengroße Güte und Barmherzigkeit erfahren hat,
muss selbst in jeder Hinsicht gut und vergebungsbereit sein.
Das Modell für jegliches christliches Handeln ist das Verhalten Gottes! Dadurch steht fest: Jedes Verzeihen unter-
bricht den Kreislauf des Bösen! Und wenn wir so oft die
Vaterunser-Bitte aussprechen: »Vergib uns unsere Schuld«
(vgl. Mt 6,12), dann sollen wir uns an eine alte Weisheit

95

erinnern: »Wer seinen Nächsten verurteilt, kann irren; wer ihm aber verzeiht, irrt niemals!« Wer Gottes Liebe und Gnade weiterschenken darf, wird selbst nicht ärmer, sondern reicher!

> Herr, es ist nicht nötig,
> dass ich jeden Tag etwas Großes tue.
> Aber lass mich bitte täglich etwas Gutes tun,
> damit ich etwas von deiner
> grenzenlosen Güte weiterschenken kann!

Von den Arbeitern im Weinberg

*D*enn mit dem Himmelreich ist es wie mit einem Gutsbe-sitzer, der früh am Morgen sein Haus verließ, um Arbei-ter für seinen Weinberg anzuwerben. Er einigte sich mit den Arbeitern auf einen Denar für den Tag und schickte sie in sei-nen Weinberg. Um die dritte Stunde ging er wieder auf den Markt und sah andere dastehen, die keine Arbeit hatten. Er sagte zu ihnen: Geht auch ihr in meinen Weinberg! Ich werde euch geben, was recht ist. Und sie gingen. Um die sechste und um die neunte Stunde ging der Gutsherr wieder auf den Markt und machte es ebenso. Als er um die elfte Stunde noch einmal hinging, traf er wieder einige, die dort herumstanden. Er sagte zu ihnen: Was steht ihr hier den ganzen Tag untätig herum? Sie antworteten: Niemand hat uns angeworben. Da sagte er zu ihnen: Geht auch ihr in meinen Weinberg! Als es nun Abend geworden war, sagte der Besitzer des Weinbergs zu seinem Verwalter: Ruf die Arbeiter, und zahl ihnen den Lohn aus, an-gefangen bei den letzten, bis hin zu den ersten. Da kamen die Männer, die er um die elfte Stunde angeworben hatte, und je-der erhielt einen Denar. Als dann die ersten an der Reihe wa-ren, glaubten sie, mehr zu bekommen. Aber auch sie erhielten nur einen Denar. Da begannen sie, über den Gutsherrn zu murren, und sagten: Diese letzten haben nur eine Stunde ge-arbeitet, und du hast sie uns gleichgestellt; wir aber haben den ganzen Tag über die Last der Arbeit und die Hitze ertra-gen. Da erwiderte er einem von ihnen: Mein Freund, dir ge-schieht kein Unrecht. Hast du nicht einen Denar mit mir ver-einbart? Nimm dein Geld und geh! Ich will dem letzten ebenso viel geben wie dir. Darf ich mit dem, was mir gehört, nicht tun, was ich will? Oder bist du neidisch, weil ich (zu anderen) gütig bin? So werden die Letzten die Ersten sein und die Ersten die Letzten.   MATTHÄUS 20,1–16

Wie groß ist deine Güte, Gott!

So geht es zu unter den Christen: Alle hat Gott in seiner Güte zu seinem Reich berufen, das die Bibel oft im Bild des Weinbergs darstellt. Sie sind sehr verschieden: Tüchtige und weniger Tüchtige; manche sind von Jugend auf aktive Gemeindeglieder, andere kommen später hinzu; die einen leisten viel, die anderen weniger. Da werden Vergleiche angestellt, wer der Größte, Wichtigste, Unentbehrlichste ist, wer mehr für die Gemeinde arbeitet und größere Opfer bringt. Gott aber urteilt anders. Er sucht und holt auch die, die in den Augen anderer wenig wert sind, die man eigentlich gar nicht brauchen kann. Er ruft sie noch in der letzten Stunde.

Allen Arbeitern gibt der Hausvater das gleiche, nämlich so viel, wie sie brauchen zur Tagesversorgung ihrer Familie, das war der Wert eines Silbergroschens. Jeder Arbeitgeber bekäme bei solcher Entlohnung Probleme mit seinem Betriebsrat und würde seinen Betrieb ruinieren. Aber Gott ist reich und großzügig und großherzig. In seinem Reich gilt nicht das Tarifrecht, sondern die Gnade. Er gibt seinen Leuten, was sie brauchen.

Aber wie kleinherzig sind die fleißigen, tüchtigen Arbeiter! Sie seufzen über die schwere Arbeit in der Hitze des Tages und murren über die »ungerechte« Entlohnung. Haben die ersten gar nichts vor den anderen voraus? Doch, sie wurden als erste berufen und gewürdigt, in den Weinberg zu kommen. Und sie dürfen die Güte des Hausvaters sehen, der von Herzen gern und reichlich gibt. Aber das sehen sie nicht, weil sie scheel sehen – sie schielen nach den anderen, sie schauen sie und den Hausvater schief an, und darum sehen sie alles verzerrt.

Jesus beschämt uns mit diesem Gleichnis, unsere Kleinherzigkeit, unser Misstrauen, unsere Geltungssucht. Dass

Gott uns ruft als Bürger seines Reiches und uns in der Kirche Jesu Christi Aufgaben gibt, das ist seine freie Gnade. Und was er uns gibt, ist nicht Lohn für unsere Leistung, sondern Geschenk seiner Liebe und Fürsorge. Wer aus Gottes Gnade lebt, dem vergeht das Vergleichen. Der kann nur staunen und danken für die Güte des Herrn im eigenen Leben und im Leben anderer und sich daran freuen.

> Was will ich? Dienen will ich.
> Wem will ich dienen?
> Dem Herrn in seinen Armen und Elenden.
> Und was ist mein Lohn? –
> Ich diene weder um Dank noch um Lohn,
> sondern aus Dank und Liebe.
> Mein Lohn ist, dass ich darf!

Von den ungleichen Söhnen

*W*as meint ihr? Ein Mann hatte zwei Söhne. Er ging zum ersten und sagte: Mein Sohn, geh und arbeite heute im Weinberg! Er antwortete: Ja, Herr!, ging aber nicht. Da wandte er sich an den zweiten Sohn und sagte zu ihm das- selbe. Dieser antwortete: Ich will nicht. Später aber reute es ihn, und er ging doch. Wer von den beiden hat den Willen seines Vaters erfüllt? Sie antworteten: Der zweite. Da sagte Jesus zu ihnen: Amen, das sage ich euch: Zöllner und Dir- nen gelangen eher in das Reich Gottes als ihr. Denn Johan- nes ist gekommen, um euch den Weg der Gerechtigkeit zu zei- gen, und ihr habt ihm nicht geglaubt; aber die Zöllner und die Dirnen haben ihm geglaubt. Ihr habt es gesehen, und doch habt ihr nicht bereut und ihm nicht geglaubt.*

MATTHÄUS 21,28–32

Gottes Willen tun

Wer tut, was Gott will? In den Streitgesprächen, über die Matthäus berichtet, stellt Jesus diese Frage den Hohenprie- stern und Ältesten. Ihnen ist aufgetragen, über die Beach- tung des Willens Gottes zu wachen. Sie müssen am besten wissen, was Gott will. Für sie muss die Antwort Jesu unfass- bar geklungen haben. Denn nicht die Frommen nennt er, sondern die Zöllner und Huren. Die Vorstellung von der Gleichheit aller Menschen, was immer sie tun, überdeckt heute den Schock, den diese Feststellung des Sohnes Gottes damals bringt. Zöllner waren Leute, die von Berufs wegen das 7. Gebot missachteten »Du sollst nicht stehlen«, nicht anders als die Huren das 6. Gebot: »Du sollst nicht ehebre- chen.« Die Zehn Gebote sind damals in viel stärkerem Maße als heute als unverbrüchliche Lebensregel empfunden worden. Aber das Wort Jesu ist eindeutig: »Die Zöllner und Huren kommen eher ins Reich Gottes als ihr.«

Wegen des Wandels der Auffassungen ist es nicht leicht, sich dem Widerspruch zu stellen, den Jesus hier klarmacht. Die Bergpredigt hält die Unbedingtheit fest, mit der Gottes Gebote gelten. Aber Jesus erklärt, dass Gott näher als bei den Hütern der Rechtschaffenheit bei den Menschen steht, die wegen des unaufhörlichen Bruchs der Gebote von der Gesellschaft ausgestoßen sind. Eher als die Hohenpriester und Ältesten, die mit Eifer die Gebote zu erfüllen suchen, werden die Zöllner und Huren in das Reich Gottes kommen.

Wer also hat den Willen Gottes getan? An der Antwort hängt die Verheißung des Reiches Gottes. Der Schluss des Streitgespräches, dessen Inhalt so schwer zu fassen ist, bringt die Lösung: Jesus sagt, dass die Führer des Volkes der Predigt Johannes des Täufers nicht glaubten, aber die Zöllner und Huren glaubten ihm. Was das heißt, wird von Jesus erläutert: Dass die Verworfenen glaubten, sahen die Rechtschaffenen, und sie taten dennoch nicht Buße. Weil sie unbußfertig blieben, kamen sie auch nicht zum Glauben. Nicht die Übertretung der Gebote führt die Zöllner und Huren in Gottes Nähe, sondern dass sie dem Wort Gottes glauben. Die Erfüllung der Gebote führt nicht zu Gott, wenn Gottes Wort nicht gehört und ihm nicht geglaubt wird. Das ist ein Streitgespräch, in das Jesus nicht allein Hohepriester und Älteste Israels zieht, sondern ebenso uns, Tag für Tag.

> Herr, ich glaube,
> hilf meinem Unglauben.

Von den wartenden Frauen

*D*ann *wird es mit dem Himmelreich sein wie mit zehn Jungfrauen, die ihre Lampen nahmen und dem Bräutigam entgegengingen. Fünf von ihnen waren töricht, und fünf waren klug. Die törichten nahmen ihre Lampen mit, aber kein Öl, die klugen aber nahmen außer den Lampen noch Öl in Krügen mit. Als nun der Bräutigam lange nicht kam, wurden sie alle müde und schliefen ein. Mitten in der Nacht aber hörte man plötzlich laute Rufe: Der Bräutigam kommt! Geht ihm entgegen! Da standen die Jungfrauen alle auf und machten ihre Lampen zurecht. Die törichten aber sagten zu den klugen: Gebt uns von eurem Öl, sonst gehen unsere Lampen aus. Die klugen erwiderten ihnen: Dann reicht es weder für uns noch für euch; geht doch zu den Händlern und kauft, was ihr braucht. Während sie noch unterwegs waren, um das Öl zu kaufen, kam der Bräutigam; die Jungfrauen, die bereit waren, gingen mit ihm in den Hochzeitssaal, und die Tür wurde zugeschlossen. Später kamen auch die anderen Jungfrauen und riefen: Herr, Herr, mach uns auf! Er aber antwortete ihnen: Amen, ich sage euch: Ich kenne euch nicht.*

Seid also wachsam! Denn ihr wisst weder den Tag noch die Stunde.   MATTHÄUS 25,1–13

Öl in den Lampen

Auch die Kirche hat ihr Ölproblem. Alle zehn Brautjungfern zusammen stellen die Kirche dar. Sie sind aufgebrochen und wissen sich auf einem Weg, an dessen Ende nicht der Tod steht, sondern der Todesüberwinder und Spender des Lebens. Auf sein Kommen freuen sie sich wie auf eine Hochzeit.

Aber wirklich »bereit« (V. 10) sind nur fünf. Diese fünf haben sich klugerweise auf eine Zeit des Wartens eingestellt.

Sie sind gefasst auf den Verzug ihres Herrn. Daher haben sie Öl mitgenommen als Lichtreserve für den Weg durch die Nacht. Als dann – endlich und doch völlig überraschend – um Mitternacht der Bräutigam erschien, brannten ihre Lichter hell zu seinem Empfang, und er ging mit ihnen hinein durch die offene Tür in den festlichen Saal.

Währenddessen liefen die andern fünf aufgeschreckt und verwirrt in der Nacht umher und fragten bei den Krämern nach Öl, nachdem die Klugen keines an sie abgetreten hatten. Sie konnten es nicht. Denn das Öl, um das es hier geht, ist unlöslich an seinen Träger gebunden und nicht übertragbar. Es ist das Öl einer ganz persönlichen Bereitschaft. Es bedeutet den Willen, die Hoffnung durchzuhalten durch die Wartezeit, die Zeit der Verborgenheit Gottes und seiner Verhüllung in Wort und Sakrament. Es bedeutet die Kraft der Geduld, die das Licht der Hoffnung nicht zum Erlöschen kommen lässt, bis die letzte Tür sich öffnet, die ins volle Licht führt.

Erschreckend in diesem Gleichnis ist, dass diese letzte Tür sich schließt vor solchen, deren Lichter zu früh erloschen sind, weil sie in ihrer törichten Sicherheit meinten, die Tür müsse sich alsbald für sie öffnen. Sie klopfen an, und es wird ihnen – nicht aufgetan. Erschreckend auch, dass sie, die ihr Dabeisein bei der Hochzeit für ganz selbstverständlich hielten, gesagt bekommen: »Ich kenne euch nicht.« Erschreckend vollends, dass sie, die meinten, Licht genug zu besitzen, im Dunkel stehen, unfähig, sich an der Demonstration des Lichts zu beteiligen, zu der Jesus seine Kirche in dieser Welt berufen hat, damit es heller werde in ihr.

> O mach uns weise, Herr, und klug,
> dass wir des Ziels gedenken
> und, eh' noch unser Stündlein schlug,
> zu dir die Schritte lenken.

Vom Weltgericht

Wenn der Menschensohn in seiner Herrlichkeit kommt und alle Engel mit ihm, dann wird er sich auf den Thron seiner Herrlichkeit setzen. Und alle Völker werden vor ihm zusammengerufen werden, und er wird sie voneinander scheiden, wie der Hirt die Schafe von den Böcken scheidet. Er wird die Schafe zu seiner Rechten versammeln, die Böcke aber zur Linken. Dann wird der König denen auf der rechten Seite sagen: Kommt her, die ihr von meinem Vater gesegnet seid, nehmt das Reich in Besitz, das seit der Erschaffung der Welt für euch bestimmt ist. Denn ich war hungrig, und ihr habt mir zu essen gegeben; ich war durstig, und ihr habt mir zu trinken gegeben; ich war fremd und obdachlos, und ihr habt mich aufgenommen; ich war nackt, und ihr habt mir Kleidung gegeben; ich war krank, und ihr habt mich besucht; ich war im Gefängnis, und ihr seid zu mir gekommen. Dann werden ihm die Gerechten antworten: Herr, wann haben wir dich hungrig gesehen und dir zu essen gegeben, oder durstig und dir zu trinken gegeben? Und wann haben wir dich fremd und obdachlos gesehen und aufgenommen, oder nackt und dir Kleidung gegeben? Und wann haben wir dich krank oder im Gefängnis gesehen und sind zu dir gekommen? Darauf wird der König ihnen antworten: Amen, ich sage euch: Was ihr für einen meiner geringsten Brüder getan habt, das habt ihr mir getan.

Dann wird er sich auch an die auf der linken Seite wenden und zu ihnen sagen: Weg von mir, ihr Verfluchten, in das ewige Feuer, das für den Teufel und seine Engel bestimmt ist! Denn ich war hungrig, und ihr habt mir nichts zu essen gegeben; ich war durstig, und ihr habt mir nichts zu trinken gegeben; ich war fremd und obdachlos, und ihr habt mich nicht aufgenommen; ich war nackt, und ihr habt mir keine Klei-

104

dung gegeben; ich war krank und im Gefängnis, und ihr habt mich nicht besucht. Dann werden auch sie antworten: Herr, wann haben wir dich hungrig oder durstig oder obdachlos oder nackt oder krank oder im Gefängnis gesehen und haben dir nicht geholfen? Darauf wird er ihnen antworten: Amen, ich sage euch: Was ihr für einen dieser Geringsten nicht getan habt, das habt ihr auch mir nicht getan. Und sie werden weggehen und die ewige Strafe erhalten, die Gerechten aber das ewige Leben. MATTHÄUS 25,31–46

Sich der Erniedrigten annehmen

Wir sind zusammen mit allen Menschen unterwegs zu einer letzten Begegnung mit Jesus Christus, bei der herauskommt, was unser Leben wert gewesen ist. Darüber befinden nicht wir selbst und auch nicht diejenigen, die die Todesanzeigen und Nachrufe verfassen. Darüber entscheidet der, der für uns der Allergeringste und Allerverachtetste geworden ist, der am eigenen Leibe erfahren hat, wie das ist: bedroht, im Stich gelassen, angespuckt, ausgezogen, hilflos der missbrauchten Macht und den eigenen körperlichen Qualen ausgeliefert zu sein. Er, der die Gestalt des erniedrigten und gedemütigten Menschen angenommen hat, identifiziert sich mit denen, die ganz unten sind und einen Menschen brauchen, der sich ihres Elends annimmt. In ihnen bekommen wir es mit ihm zu tun. Wie wir uns zu ihnen verhalten, ist für ihn der Maßstab, an dem er unser Leben misst, weil dabei herauskommt, wie wir zu ihm stehen. Es gibt ihn nicht mehr ohne sie und sie nicht mehr ohne ihn.

Hier ist nicht von geistlichen, sondern von lauter sehr spürbaren leiblichen Nöten die Rede; heute ist da an die hungernden Kinder, die erniedrigten Schwarzen, die politischen

105

Gefangenen, die Wohnung suchende Familie, die unversorgten Kranken, die gemiedenen Fremden zu denken (das Elend hat tausend Gestalten). In ihrem schmerzhaft angeschlagenen Menschsein verborgen, begegnet uns Christus selbst. Es genügt nicht, dass wir an sie gedacht, sie bedauert, Mitleid mit ihnen empfunden, für sie gebetet haben, wenn noch mehr möglich war. Und es ist zumeist erheblich mehr möglich. Haben wir das uns Mögliche getan, damit sie sich voll als Mensch erfahren können?

Danach wird unser Leben beurteilt. Wir sollen zu denen gehören, die teilbekommen am Reiche Gottes, und uns nicht um das uns zugedachte Erbe bringen. Sollen wir uns also den Himmel doch »verdienen«? Nein: Das Überraschende ist ja doch, dass die hier Angeredeten nicht wissen, wo und wann sie dem begegnet sein sollen, der das letzte Wort über sie spricht. Nicht: »Weil du uns aus seinen traurigen Augen angesehen hast, haben wir ihm geholfen.« Und nicht: »Hätten wir gewusst, dass du es warst, der uns so angesehen hat, ja dann...« Was zu sehen war, war immer nur ein Mensch in seiner Not. Einer, der uns braucht. Mehr nicht. Mehr nicht?

> Herr, dass ich niemand
> in seiner Not übersehe!

Vom Umgang mit Schulden

*J*esus ging in das Haus eines Pharisäers, der ihn zum Essen eingeladen hatte, und legte sich zu Tisch. Als nun eine Sünderin, die in der Stadt lebte, erfuhr, dass er im Haus des Pharisäers bei Tisch war, kam sie mit einem Alabastergefäß voll wohlriechendem Öl und trat von hinten an ihn heran. Dabei weinte sie, und ihre Tränen fielen auf seine Füße. Sie trocknete seine Füße mit ihrem Haar, küsste sie und salbte sie mit dem Öl.*

Als der Pharisäer, der ihn eingeladen hatte, das sah, dachte er: Wenn er wirklich ein Prophet wäre, müsste er wissen, was das für eine Frau ist, von der er sich berühren lässt: er wüsste, dass sie eine Sünderin ist.

Da wandte sich Jesus an ihn und sagte: Simon, ich möchte dir etwas sagen. Er erwiderte: Sprich, Meister! Jesus sagte: Ein Geldverleiher hatte zwei Schuldner: der eine war ihm fünfhundert Denare schuldig, der andere fünfzig. Als sie ihre Schulden nicht bezahlen konnten, erließ er sie beiden. Wer von ihnen wird ihn nun mehr lieben? Simon antwortete: Ich nehme an, der, dem er mehr erlassen hat. Jesus sagte zu ihm: Du hast recht.

Dann wandte er sich der Frau zu und sagte zu Simon: Siehst du diese Frau? Als ich in dein Haus kam, hast du mir kein Wasser zum Waschen der Füße gegeben; sie aber hat ihre Tränen über meinen Füßen vergossen und sie mit ihrem Haar abgetrocknet. Du hast mir zur Begrüßung keinen Kuss gegeben; sie aber hat mir, seit ich hier bin, unaufhörlich die Füße geküsst. Du hast mir nicht das Haar mit Öl gesalbt, sie aber hat mir mit ihrem wohlriechenden Öl die Füße gesalbt. Deshalb sage ich dir: Ihr sind ihre vielen Sünden vergeben weil sie (mir) so viel Liebe gezeigt hat. Wem aber nur wenig vergeben wird, der zeigt auch nur wenig Liebe.

*Dann sagte er zu ihr: Deine Sünden sind dir vergeben. Da
dachten die anderen Gäste: Wer ist das, dass er sogar Sünden vergibt? Er aber sagte zu der Frau: Dein Glaube hat dir
geholfen. Geh in Frieden!*   LUKAS 7,36–50

Anrede an Lukas

Lieber Lukas, Du hast uns da eine großartige Geschichte
aufbewahrt, damit wir ein uneingeschränktes Verstehen
dafür gewinnen, was die Bibel mit dem Wort Gnade meint.
Einer meiner Zeitgenossen schrieb Dir neulich:

»Ich bewundere Dich, lieber Lukas, Du bist nicht nur ein
tiefsinniger Theologe (davon haben wir in unserer Zeit auch
einige), sondern auch ein großartiger Schriftsteller (davon
haben wir in der gegenwärtigen theologischen Zunft nur wenige). – Du hast im 7. Kapitel Deines Evangeliums das alte
und immer wieder neue Thema ›Vergebung und neues Leben‹ aufgegriffen. Einzigartig, wie Du das machst! Du
kannst es Dir leisten, ohne steile Behauptungssätze auszu-
kommen. Du redest nicht so, wie es in vielen kirchlichen
Kommissionen unserer Zeit üblich ist. In den ›Worten‹ dieser Kommissionen ist natürlich theologisch alles richtig, un-
angreifbar und ausgewogen. Da geht man kein Risiko ein.
Aber die Wärme fehlt. Kühl weht ein Nordwestwind von
Grönland herüber. Man erkältet sich leicht.

Du bist ganz anders. Du erzählst, dass eine stadtbekannte
Sünderin die Füße Jesu küsst. Was für ein Bild! Nicht ganz
ungefährlich, lieber Lukas, denn die Küsse jener Frau pral-
len nun einmal an der menschlichen Phantasie nicht wir-
kungslos ab.

Hattest Du keine Angst, missverstanden zu werden? Und
dann dies: Deine Geschichte hat keinen Schluss, Du erzählst

nicht, ob sich jene Frau hernach geändert hat oder nicht. Alles bleibt in der Schwebe. Ich habe das Gefühl, dass Dir der Verzicht auf einen rundum erbaulichen Schluss nicht schwer gefallen ist. Die theologischen Beckmesser hätten hier einiges anzumerken, wenn der Respekt vor Dir nicht wäre« (H.-G. Lubkoll).

Und noch eins: Ich bin froh, dass Jesus Frieden wünscht. Für mich heißt das: Geh nur, geh in meinen Frieden hinein. Hab Dank, lieber Lukas, dass wir in 24 Kapiteln das im besonderen von Dir erzählt bekommen, wie tief und weit die Gnade des Herrn Jesu reicht.

> Ertöt uns durch dein' Güte,
> erweck uns durch dein Gnad.
> Den alten Menschen kränke,
> dass der neu' leben mag
> und hier auf dieser Erden
> den Sinn und alls Begehren und
> G'danken hab zu dir.

Vom barmherzigen Samariter

*D*a stand ein Gesetzeslehrer auf, und um Jesus auf die Probe zu stellen, fragte er ihn: Meister, was muss ich tun, um das ewige Leben zu gewinnen? Jesus sagte zu ihm: Was steht im Gesetz? Was liest du dort? Er antwortete: Du sollst den Herrn, deinen Gott, lieben mit ganzem Herzen und ganzer Seele, mit all deiner Kraft und all deinen Gedanken, und: Deinen Nächsten sollst du lieben wie dich selbst. Jesus sagte zu ihm: Du hast richtig geantwortet. Handle danach, und du wirst leben. Der Gesetzeslehrer wollte seine Frage rechtfertigen und sagte zu Jesus: Und wer ist mein Nächster?*

Darauf antwortete ihm Jesus: Ein Mann ging von Jerusalem nach Jericho hinab und wurde von Räubern überfallen. Sie plünderten ihn aus und schlugen ihn nieder; dann gingen sie weg und ließen ihn halbtot liegen. Zufällig kam ein Priester denselben Weg herab; er sah ihn und ging weiter. Auch ein Levit kam zu der Stelle; er sah ihn und ging weiter. Dann kam ein Mann aus Samarien, der auf der Reise war. Als er ihn sah, hatte er Mitleid, er ging zu ihm hin, goss Öl und Wein auf seine Wunden und verband sie. Dann hob er ihn auf sein Reittier, brachte ihn zu einer Herberge und sorgte für ihn. Am andern Morgen holte er zwei Denare hervor, gab sie dem Wirt und sagte: Sorge für ihn, und wenn du mehr für ihn brauchst, werde ich es dir bezahlen, wenn ich wiederkomme.

Was meinst du: Wer von diesen dreien hat sich als der Nächste dessen erwiesen, der von den Räubern überfallen wurde? Der Gesetzeslehrer antwortete: Der, der barmherzig an ihm gehandelt hat. Da sagte Jesus zu ihm: Dann geh und handle genauso! LUKAS 10,25–37

Weiß Gott – nicht nur ein Rollenspiel

Die sattsam bekannte Geschichte vom barmherzigen Samariter ist immer noch für Überraschungen gut. Jahrelang habe
ich sie mit meinen Konfirmanden durchgenommen und dabei unerwartete Entdeckungen gemacht. Das geschah vor allem dann, wenn wir daraus ein Rollenspiel entwickelten.
Mindestens fünf Rollen mussten besetzt werden: der Mann,
der unter die Räuber fällt (auch diese wurden gelegentlich
und dann sehr handfest gespielt); dann der Priester und der
Levit, vor allem der Samariter und schließlich der Herbergs-
wirt. Wenn wir die Rahmenhandlung mit Jesus und dem
Schriftgelehrten einbeziehen wollen – und ohne die geht es
ja eigentlich nicht –, waren sogar sieben Personen nötig, egal
ob Jungen oder Mädchen.

Ausgangspunkt war für uns jedes Mal die distanzierte,
vielleicht aber auch ratlose Frage des Schriftgelehrten: »Wer
ist denn mein Nächster?« Wir überlegten: Wer in unserem
Rollenspiel, wer in der von Jesus erzählten Geschichte hat
die gleiche Frage, auch wenn sie unausgesprochen bleibt:
»Wer ist mein Nächster?« Die Antwort konnte nur heißen:
der zusammengeschlagene, ausgeraubte Mann am Straßen-
rand. Für ihn ist es eine Frage auf Leben und Tod, wer als der
Nächste kommt. Schritte nähern sich. Der fast Bewusstlose
erkennt an der Kleidung einen Priester. Gott sei Dank! Da
erscheint ein Mann, der schon von Berufs wegen verpflich-
tet ist, »seinen Nächsten zu lieben wie sich selbst«. Aber –
das kann ja wohl nicht wahr sein – der Gottesmann sieht den
Halbtoten da liegen und geht vorbei! Der Nächste ist dann
ein Levit, ebenfalls am Tempel bzw. in der Kirche beschäftigt. Auch der zieht eilig seines Weges. Und beide haben in
diesem Augenblick ihr ewiges Leben verspielt. Anders der
Fremde, der Volksfeind, der Samariter. Er könnte dem ver-

hassten Juden im Straßendreck noch den Rest geben. Niemand würde es merken. Aber er setzt alles ein, um »das Nächstliegende« zu tun.

Im Kreis der Konfirmanden fanden wir schließlich heraus, dass sich hinter dem Samariter im Grunde Jesus selbst verbirgt. Er ist unterwegs, auch zu uns. Er wird uns nicht irgendwo am Rand der Gesellschaft umkommen lassen. Er gibt sogar sein Leben, damit wir überleben – bei Gott.

> Es ist ja, Herr, dein G'schenk und Gab
> mein Leib und Seel und was ich hab
> in diesem armen Leben.
> Damit ich 's brauch zum Lobe dein,
> zu Nutz und Dienst des Nächsten mein,
> wollst mir dein Gnade geben.

Vom bittenden Freund

*D*ann sagte er zu ihnen: Wenn einer von euch einen Freund hat und um Mitternacht zu ihm geht und sagt: Freund, leih mir drei Brote; denn einer meiner Freunde, der auf Reisen ist, ist zu mir gekommen, und ich habe ihm nichts anzubieten, wird dann etwa der Mann drinnen antworten: Lass mich in Ruhe, die Tür ist schon verschlossen, und meine Kinder schlafen bei mir; ich kann nicht aufstehen und dir etwas geben? Ich sage euch: Wenn er schon nicht deswegen aufsteht und ihm seine Bitte erfüllt, weil er sein Freund ist, so wird er doch wegen seiner Zudringlichkeit aufstehen und ihm geben, was er braucht.   LUKAS 11,5–8

Unverschämtheit

Ein Anruf erreicht mich: »In der Aufnahme steht eine Frau, die um Schlafgelegenheit bittet. Sie weiß nicht, wohin!« Es ist 23.30 Uhr! Eine ärgerliche Störung – aber ich wage es, meine Mitschwester zu wecken. Sie steht auf und empfängt die Frau. Ein Gastzimmer ist noch frei – ein Imbiss ist schnell bereitet. Die Frau hat diese Hilfe wohl nötig! Trotzdem hat es Mühe gemacht!

Ein Mann hört das Klopfen an der schon verschlossenen Türe. Es ist ein Freund des Hauses – auf der Durchreise! »Das gibt Schwierigkeiten« – denkt der Hausvater –, die ganze Familie schläft in einem Raum – aufmachen heißt: Alle werden wieder wach. Es ist Nacht! Außerdem hat er nichts mehr zum Essen im Haus. Doch im Herzen des Mannes klingt »Hilf«. Ihm fällt der Nachbarfreund ein. Das Klopfen fällt ihm schwer, aber er wagt es. Vielleicht hat er vom vergangenen Tag noch Brot übrig! Er muss doch gastfrei sein!

Der gestörte Freund reagiert entsprechend: »Stör mich nicht, meine Familie schläft!« Verständlich! Aber er kann das inständige Bitten nicht lange ertragen, und so gibt er ihm das letzte Brot vom Tage! Dann wird Ruhe sein! Diese Bereitwilligkeit war nicht selbstverständlich, aber sehr wichtig!

»Diese Geschichte«, sagt Jesus seinen Jüngern, die zuvor das Vaterunser-Gebet erlernt hatten, »kann euch etwas über das Gebet sagen.« Das ehrliche Gebet hat eine große Wirkkraft! »Ich sage euch« – eine wichtige Botschaft hören die Jünger –: »Wenn schon der gestörte Freund zur Hilfe bereit wird, obwohl er es nur mürrisch tut, um wie viel mehr wird Gott die Bitte seiner Kinder erhören.« Allerdings ist Gott kein Hilfe-Automat, der auf Knopfdruck erfüllt, was wir wollen! Seine Antwort scheint oft lange auf sich warten zu lassen. Dieser Eindruck liegt an unserer Unfähigkeit zu hören, was ER uns sagt, und darauf zu warten, wie ER helfen will. Er weiß oft besser, was wir wirklich nötig haben. Und Gott gibt so viel – auf seine Weise. Hören auch wir besser zu, wenn Gott durch Jesus Christus zu uns spricht: »Ich sage euch«!

> Verzeih, lieber Herr,
> dass ich so unverschämt bitte.
> Aber wo soll ich Ruhe finden,
> wer wärmt mich, wer gibt zu essen,
> wer nimmt mich an, so wie ich bin –
> wenn nicht du es tust, mein Freund?

Vom törichten Reichen

*E*iner aus der Volksmenge bat Jesus: Meister, sag meinem Bruder, er soll das Erbe mit mir teilen. Er erwiderte ihm: Mensch, wer hat mich zum Richter oder Schlichter bei euch gemacht? Dann sagte er zu den Leuten: Gebt Acht, hütet euch vor jeder Art von Habgier. Denn der Sinn des Lebens besteht nicht darin, dass ein Mensch aufgrund seines großen Vermögens im Überfluss lebt.

Und er erzählte ihnen folgendes Beispiel: Auf den Feldern eines reichen Mannes stand eine gute Ernte. Da überlegte er hin und her: Was soll ich tun? Ich weiß nicht, wo ich meine Ernte unterbringen soll. Schließlich sagte er: So will ich es machen: Ich werde meine Scheunen abreißen und größere bauen; dort werde ich mein ganzes Getreide und meine Vorräte unterbringen. Dann kann ich zu mir selber sagen: Nun hast du einen großen Vorrat, der für viele Jahre reicht. Ruh dich aus, iss und trink, und freu dich des Lebens! Da sprach Gott zu ihm: Du Narr! Noch in dieser Nacht wird man dein Leben von dir zurückfordern. Wem wird dann all das gehören, was du angehäuft hast? So geht es jedem, der nur für sich selbst Schätze sammelt, aber vor Gott nicht reich ist.

LUKAS 12,13–21

Von der Hand in den Mund

Manchmal merkt man heute noch, dass unsere Vorfahren in grauer Steinzeit einmal Jäger und Sammler waren. Ein bisschen Sammelleidenschaft ist in uns allen geblieben.

Wenn es sich auf Beeren im Wald oder Muscheln am Meer beschränkt, kann man über den eigenen Eifer lächeln. Wenn alte Menschen mit ihren Erinnerungen an Krieg und Hunger Lebensmittel horten und jeden Knopf aufheben, dann hat er-

115

lebter Mangel sie misstrauisch gemacht gegenüber der zuge-
sagten Fürsorge Gottes. Aber was ist mit uns eigentlich los,
wenn sich heimliche Freude einstellt über wachsende Sum-
men auf dem Sparbuch? Vorrat gibt Sicherheit, macht unab-
hängig – aber auch einsam, sorgenvoll und gottverlassen.

Dem törichten Reichen möchte man zurufen: Lass die alten kleinen Scheunen stehen, fülle sie mit deiner Ernte mit
Freude und Dank und verschenk den Rest. Weißt du nicht
mehr, wie ihr in der Wüste gelebt habt, damals die vierzig
Jahre unter Moses Führung? Damals habt ihr von der Hand
in den Mund gelebt, es gab genug für jeden Tag. Sicher hat-
tet ihr keine Vorräte, denn eure Sicherheit lag woanders. Ihr
waret total von Gott abhängig, und doch seid ihr nie wieder
so frei gewesen. Leichten Sinnes konntet ihr durch die Wüste schreiten – wie Wanderer ohne Gepäck.

Etwas von diesem »Leichtsinn«, reicher Sparbuchbesitzer,
wünsche ich dir. Aus Gottvertrauen »leichtsinnige« Menschen
finden nämlich auch Freunde. Und du bist allein mit dir, Ei-
genheimbesitzer, du hältst Selbstgespräche, weil du sonst
wohl keinen Menschen mehr hast. Du sagst immerzu »ich«.
Hast du das »Du« Gottes verloren und deshalb auch keinen
Menschen mehr? Gott gönnt dir deine Ernte und deinen Reichtum. Er lässt sich auch von den Reichen finden, man muss nur
wissen, worum das Leben kreist, was das Denken ausfüllt.
Und noch eins, du reicher Europäer, es stirbt sich leichter,
wenn man sich rechtzeitig von vielen überflüssigen Dingen
trennt. Wenn Gott dich endgültig ruft, dann kannst du deine
leere Hand in seine legen und ja dazu sagen.

> Mitten wir im Leben sind mit dem Tod umfangen.
> Wen suchen wir, der Hilfe tu,
> dass wir Gnad erlangen?
> Das bist du, Herr, alleine.

Vom unfruchtbaren Feigenbaum

Ein Mann hatte in seinem Weinberg einen Feigenbaum; und als er kam und nachsah, ob er Früchte trug, fand er keine. Da sagte er zu seinem Weingärtner: Jetzt komme ich schon drei Jahre und sehe nach, ob dieser Feigenbaum Früchte trägt, und finde nichts. Hau ihn um! Was soll er weiter dem Boden seine Kraft nehmen? Der Weingärtner erwiderte: Herr, lass ihn dieses Jahr noch stehen; ich will den Boden um ihn herum aufgraben und düngen. Vielleicht trägt er doch noch Früchte; wenn nicht, dann lass ihn umhauen.

LUKAS 13,6–9

Noch ein Jahr

Zwei spektakuläre Unglücke, das Massaker des Pilatus und der Zusammenbruch des Turms von Siloah, sind im Gespräch. In der Tagesschau bei uns hätte man weinende Witwen und Trümmer räumende Rettungsmannschaften zu sehen bekommen. Menschen kommen aufgeschreckt zu Jesus. Sie wollen reden. Warum schlägt das Schicksal so zu? Warum darf ein Mensch solche Macht haben? Wollte Gott das? Die Leute haben großen Gesprächsbedarf. Aber Jesus diskutiert nicht über die Probleme. Er packt sie persönlich: Merkt ihr nicht, dass solches Darüberreden der Versuch ist, Gott auszuweichen? Durch solchen Gottesschrecken spricht doch Gott selbst zu dir.

Wenn du daraufhin nicht anders wirst, wird es dir ebenso ergehen. Flüchte nicht in Allgemeinheiten. Du bist gemeint. Es ist falsch, sich zurückzulehnen und unberührt darüber zu diskutieren. Gott spricht in, mit und unter solchem Ereignis zu dir.

117

Gott handelt nicht nur durch den negativen Schrecken. In Deutschland ist eine Mauer zusammengebrochen vor einigen Jahren. Und wir haben das schon wieder zu den historischen Akten gelegt. Es hat uns nur kurze Zeit mit Dankbarkeit erfüllt. Warum ist das längst verflogen?

Oder wir erleben das Zusammenbrechen einer Ehe nebenan. Aber es bewegt uns nicht, die eigene Familie durch phantasiereiche Liebe zu festigen. Wenn ihr euch nicht ändert, wird es euch ebenso ergehen, sagt Jesus. Und die Zeit, die uns noch bleibt, ist kurz. Das zeigt das wunderbare Gleichnis vom Feigenbaum: Lass ihn noch ein Jahr. Wie schnell vergeht ein Jahr! Hinweis auf die Güte und den Ernst der gestundeten Zeit.

Nun aber noch ein ganz anderer Gedanke: Ist er nicht selbst – Jesus – gerade so umgekommen? Im schändlichen Tod am Kreuz? Ein Fluch ist er geworden (Gal 3,13), allerdings für uns. Er hat den Ernst des Gottesschreckens durchlebt – für uns, damit wir wissen: Gott ist im gekreuzigten Christus auch dann bei uns, wenn er uns die Erfahrung der Gottesferne machen lässt. Es wäre gut, wenn wir das eine Jahr nutzten, sein Kreuz zu begreifen.

> Herr, lass mich erkennen,
> wo du mich anstößt,
> damit ich mich besinne.

Von der engen und von der verschlossenen Tür

Auf seinem Weg nach Jerusalem zog er von Stadt zu Stadt und von Dorf zu Dorf und lehrte. Da fragte ihn einer: Herr, sind es nur wenige, die gerettet werden? Er sagte zu ihnen: Bemüht euch mit allen Kräften, durch die enge Tür zu gelangen; denn viele, sage ich euch, werden versuchen hineinzukommen, aber es wird ihnen nicht gelingen.

Wenn der Herr des Hauses aufsteht und die Tür verschließt, dann steht ihr draußen, klopft an die Tür und ruft: Herr, mach uns auf! Er aber wird euch antworten: Ich weiß nicht, woher ihr seid. Dann werdet ihr sagen: Wir haben doch mit dir gegessen und getrunken, und du hast auf unseren Straßen gelehrt. Er aber wird erwidern: Ich sage euch, ich weiß nicht, woher ihr seid. Weg von mir, ihr habt alle Unrecht getan! Da werdet ihr heulen und mit den Zähnen knirschen, wenn ihr seht, dass Abraham, Isaak und Jakob und alle Propheten im Reich Gottes sind, ihr selbst aber ausgeschlossen seid. Und man wird von Osten und Westen und von Norden und Süden kommen und im Reich Gottes zu Tisch sitzen. Dann werden manche von den Letzten die Ersten sein und manche von den Ersten die Letzten.

LUKAS 13,22–30

Enge und Weite

Unter den Juden gab es Diskussionen um die Zukunft des Gottesvolkes. Wird das ganze Gottesvolk oder werden nur die Gesetzestreuen am künftigen Reich Gottes teilhaben? Jesus soll dazu Stellung nehmen. Seine Antwort sieht auf den ersten Blick widersprüchlich aus: Die Tür zum Haus des Reiches Gottes ist eng, und es gilt, das eigene Leben entschlossen und zielgerichtet auf diesen Eingang auszurichten. Aber die Türen zum Reich Gottes werden für alle Völker weit offenstehen.

Jesus ist auf dem Weg nach Jerusalem. Dort, im politischen und geistlichen Zentrum des Gottesvolkes, wird sich entscheiden, wie es sich zu Jesus als der »Schlüsselfigur« des Gottesreiches stellt. Vor der selben Frage steht heute das christliche Gottesvolk oder die durch christliche Tradition geprägte Gesellschaft. Sie wird sich (V. 26) nicht darauf berufen können, dass in ihr sonntäglich die Glocken geläutet haben, Gottesdienste gehalten, achtzig Prozent Bevölkerung christlich bestattet wurden und die christliche Botschaft in den Massenmedien präsent war. Es wird darauf ankommen, mit Jesus mitzugehen und auf diesem Weg dem Willen Gottes zur Barmherzigkeit zu folgen. Durch diese enge Tür führt der Weg zur grenzenlosen Weite der Zukunft Gottes. Die Enge der Tür spiegelt nur unsere Engherzigkeit wider. In der Mangelwirtschaft der früheren DDR sprach man oft von Engpässen, wenn Gebrauchsgüter knapp waren. Unsere christliche Gesellschaft leidet an Engpässen der Barmherzigkeit. Wir ziehen unserem Mitfühlen, Mitdenken und Mitteilen enge Grenzen, um einigermaßen unbeschwert leben zu können. Gerade so aber beschwören wir die Zerstörung unserer Zukunft herauf. Werden wir (west-)europäischen Christen »die Letzten« sein, Ausländer aber, Indios, Afrikaner oder der vernachlässigte Nachbar »die Ersten«? Finden wir den Weg durch die enge Pforte oder durch das Nadelöhr, wie es Jesus an anderer Stelle nennt? Wir müssen durch diese Enge, die uns Angst macht, hindurch, um an der grenzenlosen Weite der Barmherzigkeit Gottes teilzubekommen.

Wo wartet die enge Tür heute auf mich? Mit welchem Gesicht, Brief, Spendenaufruf, welcher Zeitungsnachricht? Auf jeden Fall steht Jesus in der Tür, um uns hindurchzuhelfen.

> Führe uns aus unserer Enge
> in deine Weite
> und lass uns mit dem ersten Schritt
> den Mut finden,
> dir zu folgen.

Vom rechten Platz

Als er bemerkte, wie sich die Gäste die Ehrenplätze aussuchten, nahm er das zum Anlass, ihnen eine Lehre zu erteilen. Er sagte zu ihnen: Wenn du zu einer Hochzeit eingeladen bist, such dir nicht den Ehrenplatz aus. Denn es könnte ein anderer eingeladen sein, der vornehmer ist als du, und dann würde der Gastgeber, der dich und ihn eingeladen hat, kommen und zu dir sagen: Mach diesem hier Platz! Du aber wärst beschämt und müsstest den untersten Platz einnehmen. Wenn du also eingeladen bist, setz dich lieber, wenn du hinkommst, auf den untersten Platz; dann wird der Gastgeber zu dir kommen und sagen: Mein Freund, rück weiter hinauf! Das wird für dich eine Ehre sein vor allen anderen Gästen. Denn wer sich selbst erhöht, wird erniedrigt, und wer sich selbst erniedrigt, wird erhöht werden.

LUKAS 14,7–11

Bei Gott ist alles anders

»Bescheidenheit ist eine Tugend«, pflegte meine Großmutter zu sagen. Und ihr konnte und wollte niemand aus ihrer Umgebung widersprechen. Mit angeborener Autorität, authentisch in der ihr eigenen Bescheidenheit sagte sie dieses ohne jegliche Selbstgefälligkeit. Sie war sehr menschenfreundlich und ganz die Frau in der Küche. Ihr gesellschaftlich angesehener Mann, ein vortrefflicher Redner, der überall aktiv mitmischte, überlebte sie dreißig Jahre, bevor er nach seinem 92. Geburtstag verstarb. Die Redner sitzen meist dort, wo sie alle sehen und hören können. Sie haben die Ehrenplätze. Meine Großmutter war im Himmel. Das muss so sein, denn wenigstens Gott im Himmel ist gerecht, tröstete ich mich nach ihrem Tode.

Auf irdischen Festen sind kaltes Büffet und Gerangel angesagt. Wenn du da bescheiden bist und dich nicht in die vorderste Reihe drängelst, mit deinem Outfit nicht den richtigen Nerv triffst, wirst du leer ausgehen, wirst keine wichtigen Kontakte haben und von deinen Lieblingsspeisen nur zerfledderte Dekorationen ergattern. Es wird auch keiner kommen und dich vor allen Gästen hervorheben, außer du trittst überraschend mit einer absolut gelungenen Nummer auf. Im Alltag sieht es nicht anders aus.

Der heutige Text wirkt wie eine Vollbremsung im Tunnel. Du wirst ruckartig nach vorn geschleudert – in die Richtung, wo du hin wolltest, und dann zurück; dein Atem stockt, und du fällst nach vorn, benommen und gebeugt. Nichts ist mehr so, wie es war.

Da ist etwas, was dich anrührt, dich verheißungsvoll erreicht: Es ist Pause, es ist Ruhe, da bist du und in dir die Sehnsucht, die Kampfrüstung abzulegen; sie engt ein, sie ist hart und kantig. – Das Du bin ich, wie ein Kind auf Mutters Schoß. Ich muss nichts, ich soll nichts, nur einfach da sein, unaufgebläht, ungeschützt, ohne meine Kampfrüstung; halt, wie ich bin, und sie wird es den anderen sagen, wer ich bin.

> Gott, mein Platz ist schwer erkämpft,
> und ich möchte noch weiter vorrücken.
> Das weißt du.
> Überhol du mich in meiner Fahrt.
> Setze dich vor mich und gib Zeichen.
> So halt ich an.

Von den rechten Gästen

*D*ann sagte er zu dem Gastgeber: Wenn du mittags oder abends ein Essen gibst, so lade nicht deine Freunde oder deine Brüder, deine Verwandten oder reiche Nachbarn ein; sonst laden auch sie dich ein, und damit ist dir wieder alles vergolten. Nein, wenn du ein Essen gibst, dann lade Arme, Krüppel, Lahme und Blinde ein. Du wirst selig sein, denn sie können es dir nicht vergelten; es wird dir vergolten werden bei der Auferstehung der Gerechten.

LUKAS 14,12–14

Gotteszeichen

Meine Eltern waren tief fromme Menschen. Aber wenn ein Fest zu feiern war, wurden Freunde, Brüder, Schwestern und Verwandte eingeladen. Nur in der Weihnachts- und Osterzeit schlurften Insassen des nahe gelegenen Armenhauses mit ihren Holzpantinen zu userm Haus, um sich ein Päckchen zu holen, das Mutter für sie vorbereitet hatte. Die wichtigste Frage, mit der meine Eltern sich beschäftigten, war die Vergeltung bei der Auferstehung der Gerechten. Da wollten sie unbedingt dabei sein. Aber sie kannten doch auch diesen Text! Hätte er ihnen nicht klar sagen können, wie uns Gnade zuteil wird am Jüngsten Tag? Nein, denn sie wussten, dass allein das Blut Jesu Gnade schenkt in Zeit und Ewigkeit.

Aus diesen und anderen Worten der Bibel hat die Urchristenheit gelernt: Die Armen sind der wahre Schatz der Kirche! Das hat sich bis heute weltweit bewährt. Denken wir an Mutter Teresa und viele, viele andere. Warum aber sind die Armen mehr wert als Freunde, Verwandte und reiche Nachbarn? Die Evangelisten sehen in der Gestalt Jesu den Armen,

den leidenden Gottesknecht aus Jes 53: »Er war der Allerverachtetste und Unwerteste!« Für sie nimmt Gott selber in
Jesus die Gestalt des Armen an. So kommt Gott uns ganz nahe. Schon der Bericht über seine Geburt kann nicht nüchtern
genug betrachtet werden. Da ist viel Armseligkeit, Mühsal,
Angst und Not. Die Kreuzigung zeigt überdeutlich, wie ohn-
mächtig und schwach Gott in der Welt ist. Warum? »Nur der
leidende Gott kann helfen« (Dietrich Bonhoeffer).

Die Armen sind der wahre Schatz der Kirche, nicht weil
sie irgendwie moralisch besser wären als die Reichen. Sie
sind es, weil Gott es gefallen hat, in dieser Gestalt unter uns
auf Erden zu leben und immer noch unerkannt, arm und verlassen zu leiden. Das bleibt ein ständiges Ärgernis, wo Gott
groß, stark und allmächtig sein muss im Alleinvertretungs-
anspruch. Diese Armut Gottes bleibt aber dort tröstlich, wo
unsere Herzen betrübt und wir restlos am Ende sind. Da hebt
und trägt er uns.Wer sich Armen zuwendet, richtet daher die
Gotteszeichen auf: die Krippe und das Kreuz!

> Er wird ein Knecht und ich ein Herr,
> das mag ein Wechsel sein.

Vom rechten Planen

Viele Menschen begleiteten ihn; da wandte er sich an sie und sagte: Wenn jemand zu mir kommt und nicht Vater und Mutter, Frau und Kinder, Brüder und Schwestern, ja sogar sein Leben gering achtet, dann kann er nicht mein Jünger sein. Wer nicht sein Kreuz trägt und mir nachfolgt, der kann nicht mein Jünger sein.

Wenn einer von euch einen Turm bauen will, setzt er sich dann nicht zuerst hin und rechnet, ob seine Mittel für das ganze Vorhaben ausreichen? Sonst könnte es geschehen, dass er das Fundament gelegt hat, dann aber den Bau nicht fertig stellen kann. Und alle, die es sehen, würden ihn verspotten und sagen: Der da hat einen Bau begonnen und konnte ihn nicht zu Ende führen.

Oder wenn ein König gegen einen anderen in den Krieg zieht, setzt er sich dann nicht zuerst hin und überlegt, ob er sich mit seinen zehntausend Mann dem entgegenstellen kann, der mit zwanzigtausend gegen ihn anrückt? Kann er es nicht, dann schickt er eine Gesandtschaft, solange der andere noch weit weg ist, und bittet um Frieden.

Darum kann keiner von euch mein Jünger sein, wenn er nicht auf seinen ganzen Besitz verzichtet.

Das Salz ist etwas Gutes. Wenn aber das Salz seinen Geschmack verliert, womit kann man ihm die Würze wiedergeben? Es taugt weder für den Acker noch für den Misthaufen, man wirft es weg. Wer Ohren hat zum Hören, der höre!

LUKAS 14,25–35

Jesu Ruf meint uns ganz

Einer von den Eingeladenen hatte erklärt: »Ich habe eine Frau genommen, darum kann ich nicht kommen.« Sie war ihm wichtiger als das, was Gott für ihn bereit hatte. Die Familie ging ihm über alles. Und nun Jesus: »Wenn jemand zu mir kommt und hasst nicht seinen Vater, Mutter, Frau, Kinder..., der kann nicht mein Jünger sein.« »Hassen« ist natürlich nicht emotional gemeint, sondern heißt: hinten anstellen, an die zweite Stelle rücken. Das ist für den Konfliktfall gesagt.

Für viele, die Anfang der fünfziger Jahre aus der alten Bundesrepublik mit Frau und Kind in die DDR gezogen sind, weil sie Jesu Ruf gehört hatten, hat dieses Wort eine höchst existentielle Bedeutung gehabt: Mancher von uns musste sich gegen die Warnungen von Eltern und Schwiegereltern entscheiden. Jesu Ruf ging vor. Er brauchte uns dort. Wenn dann die Kinder in ihren Ausbildungsmöglichkeiten behindert wurden, war dieses Wort Jesu in seiner harten Barmherzigkeit wieder da. – Ein Theologiestudent kam mit seiner württembergischen Freundin zu mir. Sie war bereit herüberzukommen, aber die Mutter wollte nicht: der junge Mann könne ebenso gut im Westen Gottes Wort verkündigen. Die Freundin gab der Mutter nach. Er blieb und opferte seine Liebe. Die Gemeinschaft mit Jesus war ihm mehr wert. – Kinder von Funktionären ließen sich bei uns taufen und nahmen den Konflikt mit dem Elternhaus auf sich. Sie wussten, was hier Vorrang haben musste. Heute könnte das so aussehen: Ein junges Mädchen hat einen Freund. Er will nicht, dass sie sich zur Gemeinde hält. Sie hat Angst, ihn zu verlieren. Was wird ihr wichtiger sein?

Für die beiden anderen, die zum Festmahl eingeladen waren, hatte ihr Besitz Vorrang. Aber Jesus: »Jeder, der sich nicht lossagt von allem, was er hat, kann nicht mein Jünger sein.« Als wir damals in die DDR gingen, gab es keinen Ostzuschlag. Wenn der Herr heute einen in den neuen Bundesländern brauchte – in der Verwaltung, als Lehrer, als Pfarrer – und er machte die »Wahrung des Besitzstandes« zur Bedingung seines Kommens, der wird sich mit diesem Wort auseinander setzen müssen. Wir sollen uns bewusst machen, was es kosten kann, wenn wir uns auf Jesus einlassen (V. 28 bis 35). Es kostet auf alle Fälle uns ganz. Aber was uns dabei zuteil wird, ist nicht auszurechnen.

> Herr, nimm mich mir
> und gib mich dir.

Von der suchenden Frau

O der wenn eine Frau zehn Drachmen hat und eine davon verliert, zündet sie dann nicht eine Lampe an, fegt das ganze Haus und sucht unermüdlich, bis sie das Geldstück findet? Und wenn sie es gefunden hat, ruft sie ihre Freundinnen und Nachbarinnen zusammen und sagt: Freut euch mit mir; ich habe die Drachme wieder gefunden, die ich verloren hatte. Ich sage euch: Ebenso herrscht auch bei den Engeln Gottes Freude über einen einzigen Sünder, der umkehrt.

LUKAS 15,8–10

Gesucht und gefunden

»Ich suche nicht – ich finde«, lautet ein bekanntes Wort von Picasso. »Suchen« – so meint er, da gehe ich mit einem vorgefassten Bild auf die Realität zu und verstelle mir selbst den Blick für das wirklich Neue, das sich finden lässt.

»Ich finde nicht – ich suche«, hat ein moderner Künstler in bewusster Umkehr des Picassoschen Satzes eine Ausstellung seiner Bilder überschrieben. Und er will damit betonen: Ich strecke mich aus, ich habe ein Wissen von etwas in mir, dem ich auf der Spur bin, das ich jedoch noch längst nicht erreicht habe.

Die Frau in unserem Gleichnis ist weit davon entfernt, solche tiefsinnigen Spekulationen anzustellen. Sie hat einen ganz realen Verlust erlitten und setzt nun alles daran, diesen wieder auszugleichen. Sie weiß, was sie verloren hat, und weiß, was sie wieder finden will. In der dämmrigen Enge ihres Hauses geht sie mit einer Energie und Systematik vor, die uns erstaunen lässt. Alle Ecken leuchtet sie aus, in alle Ritzen und Winkel späht sie, der Besen muss her, Augen und

129

Ohren lauschen, ob das verlorene, verschwundene Geldstück nicht irgendwo im aufgewirbelten Lehmstaub blitzt oder klimpert.

Solches Suchen kennen wir auch aus unserem Alltag: das verlegte Buch, die heruntergefallene Nadel, der verkramte Schlüssel – wie verzweifelt kann manchmal ein Suchen, wie erleichternd manchmal ein Finden sein! Kennen wir auch dies: die beharrliche Suche nach einem Zugang zu einem bitter-verschlossenen Menschen? Die mühsame, dennoch hoffende Suche nach einer Brücke, wenn ein Zerwürfnis tiefe Gräben gezogen hat? Das Ringen nach einem Wort, wenn das Leiden eines Menschen uns sprachlos macht?

Gott kennt dies alles. Er ringt und sucht und müht sich ab – mit uns, den Verlorenen. Während du noch denkst, deine Wege seien hoffungslos am Ende, bahnt er sich längst einen Weg zu deinem Herzen; während du dich verloren gibst, ist er dir längst auf der Spur – geduldig und mit ganzem Einsatz.

Gesuchte sind wir, Ersehnte, Geliebte – und Gefundene.

> Gott, der du uns suchst,
> hilf, dass wir uns finden lassen.

130

Vom liebenden Vater

*E*in Mann hatte zwei Söhne. Der jüngere von ihnen sagte
zu seinem Vater: Vater, gib mir das Erbteil, das mir zusteht. Da teilte der Vater das Vermögen auf. Nach wenigen
Tagen packte der jüngere Sohn alles zusammen und zog in
ein fernes Land. Dort führte er ein zügelloses Leben und ver-
schleuderte sein Vermögen. Als er alles durchgebracht hatte,
kam eine große Hungersnot über das Land, und es ging ihm
sehr schlecht. Da ging er zu einem Bürger des Landes und
drängte sich ihm auf; der schickte ihn aufs Feld zum
Schweinehüten. Er hätte gern seinen Hunger mit den Futter-
schoten gestillt, die die Schweine fraßen; aber niemand gab
ihm davon. Da ging er in sich und sagte: Wie viele Tagelöhner meines Vaters haben mehr als genug zu essen, und ich
komme hier vor Hunger um. Ich will aufbrechen und zu meinem Vater gehen und zu ihm sagen: Vater, ich habe mich gegen den Himmel und gegen dich versündigt. Ich bin nicht
mehr wert, dein Sohn zu sein; mach mich zu einem deiner
Tagelöhner. Dann brach er auf und ging zu seinem Vater. Der
Vater sah ihn schon von weitem kommen, und er hatte Mitleid mit ihm. Er lief dem Sohn entgegen, fiel ihm um den Hals
und küsste ihn. Da sagte der Sohn: Vater, ich habe mich gegen den Himmel und gegen dich versündigt; ich bin nicht
mehr wert, dein Sohn zu sein. Der Vater aber sagte zu seinen
Knechten: Holt schnell das beste Gewand, und zieht es ihm
an, steckt ihm einen Ring an die Hand, und zieht ihm Schu-
he an. Bringt das Mastkalb her, und schlachtet es; wir wollen essen und fröhlich sein. Denn mein Sohn war tot und lebt
wieder; er war verloren und ist wieder gefunden worden.
Und sie begannen, ein fröhliches Fest zu feiern.

Sein älterer Sohn war unterdessen auf dem Feld. Als er
heimging und in die Nähe des Hauses kam, hörte er Musik

131

*und Tanz. Da rief er einen der Knechte und fragte, was das
bedeuten solle. Der Knecht antwortete: Dein Bruder ist gekommen, und dein Vater hat das Mastkalb schlachten lassen,
weil er ihn heil und gesund wiederbekommen hat. Da wurde
er zornig und wollte nicht hineingehen. Sein Vater aber kam
heraus und redete ihm gut zu. Doch er erwiderte dem Vater:
So viele Jahre schon diene ich dir, und nie habe ich gegen
deinen Willen gehandelt; mir aber hast du nie auch nur einen Ziegenbock geschenkt, damit ich mit meinen Freunden
ein Fest feiern konnte. Kaum aber ist der hier gekommen,
dein Sohn, der dein Vermögen mit Dirnen durchgebracht hat,
da hast du für ihn das Mastkalb geschlachtet. Der Vater antwortete ihm: Mein Kind, du bist immer bei mir, und alles,
was mein ist, ist auch dein. Aber jetzt müssen wir uns doch
freuen und ein Fest feiern; denn dein Bruder war tot und lebt
wieder; er war verloren und ist wieder gefunden worden.*

LUKAS 15,11–32

Gott freut sich über die Umkehrer

Was für ein Vater! Seine Söhne und Töchter sollten in der
Weiträumigkeit und Freiheit des Vaterhauses leben können.
Alles, was sein ist, sollte ihnen mit gehören. Sie sollten seine Kinder und nicht seine Leibeigenen sein. Darum hält er
den jüngsten Sohn nicht fest, als er meint, das Vaterhaus sei
zu eng für ihn. Er lässt ihn ziehen – ohne Vorwürfe, aber mit
einem tiefen Kummer im Herzen. Unnötig, wie es scheint.
Dem jungen Herrn geht es glänzend. Er vergaß nur eins: Er
lebte vom Vermögen des Vaters. Und die Misere eines Men-
schenlebens beginnt allemal da, wo einer das, was er vom
Vater mitbekommen hat an Gaben des Geistes und des Herzens, sich selber zuzuschreiben beginnt. Er muss das, was

132

der Vater ihm mitgegeben hat, nicht verplempern. Es muss einer, der dem Vater den Rücken gekehrt hat und aus dem Eigenen zu leben meint, keineswegs bei den Schweinen landen. Er kann auch auf einen Lehrstuhl oder einen Abgeordnetensessel zu sitzen kommen. Es gibt den verlorenen Sohn oder die verlorene Tochter nicht nur in einer beschmutzten, sondern auch in einer sehr illustren Ausgabe.

Der ungewöhnliche Vater hört nie auf, seine Söhne und Töchter zu lieben, auch wenn sie nichts mehr von ihm wissen wollen. Er weiß: Die Wege von ihm weg führen ins Elend – ins miese oder ins glänzende Elend. »Dieser mein Sohn war tot«, sagt der Vater: nicht erst, als er bei den Säuen angekommen war, sondern schon, als er lachte, tanzte und zechte. »Er war verloren«, als alle ihn für einen Gewinner hielten. Verloren ist einer, wenn er nicht mehr bei dem ist, dem er gehört und dem er sich verdankt.

Was für ein Vater! Er lässt nicht nach dem Verlorenen fahnden, sondern er hält sehnsüchtig nach ihm Ausschau und wartet auf ihn. Und als er den Umkehrer kommen sieht, läuft er ihm entgegen. Keine peinlichen Fragen, keine Demütigung, sondern die Umarmung, der Kuss, das neue Gewand, der Ring, das Festmahl, Musik, das Geschenk der vollen Gemeinschaft im Vaterhaus, der Auferweckung aus dem Tod. Als der fromme Bruder des Heimkehrers sich nicht mitfreuen wollte wegen dieses überschwenglichen Empfangs, da geht der Vater zu ihm hinaus und bittet ihn, sich nicht selbst auszuschließen von der Freude. Als ob einer zu beneiden wäre, der jahrelang weg war von diesem Vater!

Du bist mein Vater, ich dein Kind!

Vom unehrlichen Verwalter

Jesus sagte zu den Jüngern: Ein reicher Mann hatte einen Verwalter. Diesen beschuldigte man bei ihm, er verschleudere sein Vermögen. Darauf ließ er ihn rufen und sagte zu ihm: Was höre ich über dich? Leg Rechenschaft ab über deine Verwaltung! Du kannst nicht länger mein Verwalter sein. Da überlegte der Verwalter: Mein Herr entzieht mir die Verwaltung. Was soll ich jetzt tun? Zu schwerer Arbeit tauge ich nicht, und zu betteln schäme ich mich. Doch – ich weiß, was ich tun muss, damit mich die Leute in ihre Häuser aufnehmen, wenn ich als Verwalter abgesetzt bin. Und er ließ die Schuldner seines Herrn, einen nach dem andern, zu sich kommen und fragte den ersten: Wie viel bist du meinem Herrn schuldig? Er antwortete: Hundert Fass Öl. Da sagte er zu ihm: Nimm deinen Schuldschein, setz dich gleich hin, und schreib »fünfzig«. Dann fragte er einen andern: Wie viel bist du schuldig? Der antwortete: Hundert Sack Weizen. Da sagte er zu ihm: Nimm deinen Schuldschein, und schreib »achtzig«.

Und der Herr lobte die Klugheit des unehrlichen Verwalters und sagte: Die Kinder dieser Welt sind im Umgang mit ihresgleichen klüger als die Kinder des Lichtes.

Ich sage euch: Macht euch Freunde mit Hilfe des ungerechten Mammons, damit ihr in die ewigen Wohnungen aufgenommen werdet, wenn es (mit euch) zu Ende geht.

LUKAS 16,1–9

Glaube und Vorsorge

Wenn Jesus den Weg zum wahren Leben aufzeigt, erzählt er nicht immer Geschichten zum Nachmachen, sondern manchmal sogar anstößige Beispiele zum Nachdenken. Das Gleichnis vom unehrlichen Verwalter ist ein klassisches Beispiel dafür. Wenn Jesus nach der spannenden Schilderung dieses Kriminalfalles, der aus der heutigen Zeitung stammen könnte, den ungetreuen Verwalter sogar »lobt, weil er klug gehandelt hatte«, dann stellt er sich natürlich nicht auf die Seite des Betrügers. Jesu Gleichnisse haben immer nur einen Vergleichspunkt; den müssen wir in unseren Lebensalltag übertragen. In diesem Fall also: Sorgt heute schon vor für die letzte Stunde!

Gerade im Überraschungsmoment am Schluss der Geschichte entpuppt sich Jesu Appell zur Vorsorge im Blick auf eine letzte Abrechnung als Lebenshilfe für alle, die über den Tag hinaus zu denken bereit sind. Dazu gibt es zwei Anstöße:

1. Zunächst geht es um die *nüchterne Einsicht* in die eigene Lage. Sind wir nicht alle irgendwie Haushalter mit anvertrauten Aufgaben? Wir wissen doch, wie man anvertrautes Kapital auch herunterwirtschaften kann: durch Faulheit, Unfähigkeit oder egoistische Manier. Christen verstehen ihren Beruf – als Lehrer oder Pfarrer, Politiker oder Wirtschaftsleute, Angestellte oder Arbeiter, Handwerker oder Hausfrauen und vor allem als Eltern, Paten und Großeltern – immer auch als anvertraute Chance, damit Christus zu bezeugen. Sind wir uns dessen immer bewusst? Der unehrliche Verwalter scheint seine aussichtslose Lage nüchterner zu beurteilen als mancher ehrbare Fromme, denn er denkt rechtzeitig daran, dass er einmal Rechenschaft ablegen muss über sein Leben.

2. Darum trifft er *langfristig Vorsorge*, freilich mit unlauteren Methoden. Aber gerade durch diese Verfremdung macht uns Jesus Mut, darüber nachzudenken, wie wir als die durch seine Liebe von der Schuld Freigekauften verantwortlich leben könnten. Denn nur die Liebe hat Bestand, die sich durch selbstloses Weitergeben vermehrt. Nur im großzügigen Verschenken wird der »Mammon« zur glaubenweckenden Gottesgabe. Was haben wir also für Chancen für ein glückendes Leben!

> An deinem Kreuz o mein Jesus,
> richtest du alle Bosheit auf Erden.
> Ich bin kein unzurechnungsfähiges Kind.
> Vor dir bin ich verantwortlich
> für mein Tun und Lassen.
> Lass mich sorgsam
> mit meinem Leben umgehen.

Vom reichen Mann und armen Lazarus

Es war einmal ein reicher Mann, der sich in Purpur und feines Leinen kleidete und Tag für Tag herrlich und in Freuden lebte. Vor der Tür des Reichen aber lag ein armer Mann namens Lazarus, dessen Leib voller Geschwüre war. Er hätte gern seinen Hunger mit dem gestillt, was vom Tisch des Reichen herunterfiel. Statt dessen kamen die Hunde und leckten an seinen Geschwüren. Als nun der Arme starb, wurde er von den Engeln in Abrahams Schoß getragen. Auch der Reiche starb und wurde begraben. In der Unterwelt, wo er qualvolle Schmerzen litt, blickte er auf und sah von weitem Abraham, und Lazarus in seinem Schoß. Da rief er: Vater Abraham, hab Erbarmen mit mir, und schick Lazarus zu mir; er soll wenigstens die Spitze seines Fingers ins Wasser tauchen und mir die Zunge kühlen, denn ich leide große Qual in diesem Feuer. Abraham erwiderte: Mein Kind, denk daran, dass du schon zu Lebzeiten deinen Anteil am Guten erhalten hast, Lazarus aber nur Schlechtes. Jetzt wird er dafür getröstet, du aber musst leiden. Außerdem ist zwischen uns und euch ein tiefer, unüberwindlicher Abgrund, so dass niemand von hier zu euch oder von dort zu uns kommen kann, selbst wenn er wollte. Da sagte der Reiche: Dann bitte ich dich, Vater, schick ihn in das Haus meines Vaters! Denn ich habe noch fünf Brüder. Er soll sie warnen, damit nicht auch sie an diesen Ort der Qual kommen. Abraham aber sagte: Sie haben Mose und die Propheten, auf die sollen sie hören. Er erwiderte: Nein, Vater Abraham, nur wenn einer von den Toten zu ihnen kommt, werden sie umkehren. Darauf sagte Abraham: Wenn sie auf Mose und die Propheten nicht hören, werden sie sich auch nicht überzeugen lassen, wenn einer von den Toten aufersteht. LUKAS 16,19–31

In Sichtweite

Die Reichen werden verdammt, und die Armen werden gerettet. So scheint es. Für uns wahrscheinlich ein eher unangenehmer Gedanke. Wo wollen wir unseren Platz und unsere Rolle in dem Gleichnis finden?

Von der Schlussszene einmal abgesehen, enthält das Gleichnis zwei Szenen. die sich sehr ähneln. Die erste Szene spielt in dieser Welt: ein Reicher, der Erfolg hat, und ein Armer, der vom Pech des Lebens verfolgt wird. Der Clou ist, dass der eine nicht da und der andere nicht dort lebt. Beide leben in Sichtweite. Der Arme liegt vor der Tür des Reichen. Er weiß, dass hinter der Tür gefeiert wird. Er sieht die Lieferanten und die feinen Leute. Er protestiert nicht. Er wäre zufrieden, wenn er vom Abfall bekäme. Aber die Tür bleibt zu! Obwohl der Reiche den Armen kennt. Er sieht ihn ja täglich. Aber er übersieht ihn, weil er ihn zum Leben nicht braucht. Er kann auch ohne ihn leben.

Die zweite Szene spielt im Jenseits. Nun mit umgekehrten Vorzeichen. Der Arme erhält seinen Platz an der Seite Abrahams, der Reiche erleidet die Qualen der Hölle. Bezeichnend aber ist, dass beide wieder in Sichtweite sind. Nun will der Reiche vom Armen, was der Arme vom Reichen auf Erden gewollt hat: ein bisschen Abfall, ein paar Tropfen Wasser. Aber das ist die eigentliche Umkehrung der Verhältnisse: Was auf Erden ein leichtes gewesen wäre – die Türe zu öffnen –, ist im Jenseits nicht mehr möglich: der Abgrund ist unüberbrückbar. Das Jenseits macht nur endgültig, was der Reiche auf Erden gelebt hat: die Praxis der verschlossenen Tür.

Das Gleichnis kehrt nicht mechanisch die Verhältnisse um. Aber es macht darauf aufmerksam, dass es keinen Weg zum Himmel gibt vorbei an der Not, die vor unserer Tür liegt. Es war Selbsttäuschung, wenn der Reiche meinte, er brauche den Armen nicht. Der Reiche ist angewiesen auf die Not des Armen. Es kommt alles darauf an, dass wir die Not in unser Leben hereinlassen, die Tür öffnen. Denn es gibt keinen Weg zu Gott, es sei denn mit Lazarus!

> Meine Seele preist die Größe des Herrn,
> und mein Geist jubelt über Gott, meinen Retter...
> Er erbarmt sich von Geschlecht zu Geschlecht
> über alle, die ihn fürchten...
> Die Hungernden beschenkt er mit seinen Gaben
> und lässt die Reichen leer ausgehen
> (LUKAS 1,46-53).

Vom unnützen Sklaven

Wenn einer von euch einen Sklaven hat, der pflügt oder das Vieh hütet, wird er etwa zu ihm, wenn er vom Feld kommt, sagen: Nimm gleich Platz zum Essen? Wird er nicht vielmehr zu ihm sagen: Mach mir etwas zu essen, gürte dich, und bediene mich; wenn ich gegessen und getrunken habe, kannst auch du essen und trinken. Bedankt er sich etwa bei dem Sklaven, weil er getan hat, was ihm befohlen wurde? So soll es auch bei euch sein: Wenn ihr alles getan habt, was euch befohlen wurde, sollt ihr sagen: Wir sind unnütze Sklaven; wir haben nur unsere Schuldigkeit getan.

LUKAS 17,7–10

Was jetzt Not tut

Das Bild, das in unseren Versen von der Dienstauffassung der Christen gezeichnet wird, mag auf den ersten Blick wenig Lust wecken. Werden hier nicht überholte Herrschaftsverhältnisse beschworen? Wäre es nicht zynisch, die geschilderte Dienstleistung, die keines Dankes wert ist, etwa auf den aufopferungsvollen Einsatz der Frauen in Gemeinde und Kirche zu beziehen? In unserem Abschnitt geht es aber nicht um den Verzicht auf Dank und Anerkennung als einem »christlichen« Prinzip. Sondern es wird nach dem eigentlichen Beweggrund unseres Tuns gefragt: Geschieht es, damit jemand sieht und anerkennt, was wir aufbringen an Bereitschaft, Zeit und Energie? Trägt das Tun nicht schon in sich selbst Sinn und Erfüllung?

Aus den Verhältnissen einer bäuerlichen Gesellschaft lässt Jesus uns auf das Wesen der Gottesherrschaft schließen, in der nach anderen Maßstäben bewertet wird, als wir häufig annehmen.

140

Nach diesem Gleichnis kommt es auf die ungeteilte Aufmerksamkeit des Täters bei seinem Tun an, liegt der Sinn in der völligen Hingabe an das Tun selbst. Eine solche Hingabe, die ganz in dem gerade Geforderten und jetzt allein Angemessenen aufgeht, ohne dabei nach einem Später zu schielen, das damit bezweckt werden kann, können wir an Jesu eigenem Verhalten ablesen. Und der Dichter Tolstoi wird im selben Sinn sagen: Die wichtigste Zeit im Leben ist der jetzige Augenblick, der wichtigste Mensch für mich mein gegenwärtiges Gegenüber und die wichtigste Handlung das vollkommen nutz-freie Tun des Nötigen, das er/sie braucht.

In unseren Versen geht es noch nicht einmal um die Liebe, sondern nur um die gesammelte Ausführung einer Dienstleistung, die für die beschriebenen Verhältnisse angemessen ist. Auch für den Dienst in der Kirche gibt es kein anderes Ideal, als dass wir wie Jesus den Sinn unseres Tuns wieder im Tun des Nötigen selbst entdecken. Könnte uns das nicht doch gelüsten?

> O Gott, lass uns in dem, was wir tun,
> ganz bei der Sache sein
> und schenke uns Freude und Befriedigung
> während des Tuns selbst.

Vom trägen Richter und der Witwe

Jesus sagte ihnen durch ein Gleichnis, dass sie allezeit beten und darin nicht nachlassen sollten: In einer Stadt lebte ein Richter, der Gott nicht fürchtete und auf keinen Menschen Rücksicht nahm. In der gleichen Stadt lebte auch eine Witwe, die immer wieder zu ihm kam und sagte: Verschaff mir Recht gegen meinen Feind! Lange wollte er nichts davon wissen. Dann aber sagte er sich: Ich fürchte zwar Gott nicht und nehme auch auf keinen Menschen Rücksicht; trotzdem will ich dieser Witwe zu ihrem Recht verhelfen, denn sie lässt mich nicht in Ruhe. Sonst kommt sie am Ende noch und schlägt mich ins Gesicht.

Und der Herr fügte hinzu: Bedenkt, was der ungerechte Richter sagt. Sollte Gott seinen Auserwählten, die Tag und Nacht zu ihm schreien, nicht zu ihrem Recht verhelfen, sondern zögern? Ich sage euch: Er wird ihnen unverzüglich ihr Recht verschaffen. Wird jedoch der Menschensohn, wenn er kommt, auf der Erde (noch) Glauben vorfinden?

LUKAS 18,1–8

Gott hört deine Klage

Eigentlich mag ich sie beide nicht. Weder den Richter, der seine Amtspflicht verletzt und dann nur aus Ärger nachgibt, noch die Frau in ihrer penetranten Aufdringlichkeit. Warum nimmt Jesus gerade sie zum Vorbild? Sollen wir wirklich Gott so lästig in den Ohren liegen? Je mehr ich mich jedoch in die Witwe einfühle, desto besser verstehe ich, was Jesus uns mit dieser Gestalt sagen will. Sie bettelt ja nicht um irgend etwas, sie schreit, weil ihr Unrecht zugefügt wurde. Sie resigniert nicht, weil man »ja doch nichts machen kann«,

142

sondern kämpft um das, worum man sie betrogen hat. Sie nimmt ihre Ohnmacht nicht einfach hin und gibt nicht auf.

Und wir? Steckt in dem passiven Hinnehmen von Unrecht und Unterdrückung nicht eine gehörige Portion Unglaube, ein Verlust an Vertrauen? Gott will doch nicht, dass es so ungerecht auf der Welt zugeht! Deshalb dürfen wir Gerechtigkeit beharrlich bei dem einklagen, der verheißen hat, Recht zu schaffen und denen nahe zu sein, die danach hungern. Jesus ermutigt uns, das Du aufzusuchen, das uns hört, Angst und Verzweiflung vor ihm auszubreiten und nicht lockerzulassen in der Hoffnung, dass Gott sein Versprechen hält. Für ihn sind wir keine lästigen Bittsteller!

Aber kennen wir nicht auch die Erfahrung, dass er sich manchmal taub stellt und sich nicht erweichen lässt? Vielleicht liegt dies an unseren falschen Erwartungen. Denn eine Erfahrung ist uns sicher: Wenn wir uns einlassen auf die tiefe Zwiesprache mit Gott, dann verändert sich in uns etwas. Wir werden entlastet und aufgerichtet und dazu bewegt, mutiger und freier nach Lösungen zu suchen, die Leid und Unrecht verringern. So macht Beten Sinn. Darum darf es mit dem Rufen und Klopfen nicht aufhören, bis überall sichtbar geworden ist, dass Gottes Liebe unsere Welt regieren will.

> Wer vor dich tritt, Gott,
> kommt nicht vergeblich.
> Darum bitten wir heute:
> Lass uns einen Vorschein
> deines Reiches der Gerechtigkeit
> und des Friedens erleben.

Vom Pharisäer und Zöllner

*E*inigen, die von ihrer eigenen Gerechtigkeit überzeugt waren und die anderen verachteten, erzählte Jesus dieses Beispiel: Zwei Männer gingen zum Tempel hinauf, um zu beten; der eine war ein Pharisäer, der andere ein Zöllner. Der Pharisäer stellte sich hin und sprach leise dieses Gebet: Gott, ich danke dir, dass ich nicht wie die anderen Menschen bin, die Räuber, Betrüger, Ehebrecher oder auch wie dieser Zöllner dort. Ich faste zweimal in der Woche und gebe dem Tempel den zehnten Teil meines ganzen Einkommens. Der Zöllner aber blieb ganz hinten stehen und wagte nicht einmal, seine Augen zum Himmel zu erheben, sondern schlug sich an die Brust und betete: Gott, sei mir Sünder gnädig! Ich sage euch: Dieser kehrte als Gerechter nach Hause zurück, der andere nicht. Denn wer sich selbst erhöht, wird erniedrigt, wer sich aber selbst erniedrigt, wird erhöht werden.   Lukas 18,9–14

Selbstdarstellung – Selbsthingabe

Warum ist er uns eigentlich so unsympathisch, dieser Pharisäer? Was täten denn unsere Gemeinden ohne Menschen, die wie er sich bemühen, Gutes zu tun, und sich sozial engagieren? Die es sich nicht leicht machen mit ihrem Glauben und nach einer festen Richtschnur für ihr Handeln suchen? Aber muss man dies so zur Schau stellen? Ein einziger Satz verrät, dass durch diese rechtschaffene Gestalt ein Riss geht: »Danke, dass ich nicht so bin wie der da, dieser Zöllner!« Mit dem Selbstvertrauen des Pharisäers kann es doch nicht so weit her sein, wenn er auf Kosten anderer seine Vorzüge herausstreichen muss. Da scheint auch in ihm eine dunkle

144

Schattenseite verborgen zu sein, die er dadurch loswerden möchte, dass er mit dem Finger auf andere zeigt: Dieser ist ein Sünder, ich doch nicht.

Dieser andere steht bescheiden im Hintergrund und bittet: »Gott, sei mir Sünder gnädig!« Könnte das nicht auch eine berechnende Pose sein, mit der er sich vor Gott in den Staub wirft und den zerknirschten Sünder spielt? Gewiss gibt es auch dies. Doch für den Zöllner kann es nicht zutreffen, denn sonst würde sein Schrei nach Erbarmen ungehört verhallen. Aber er wird gehört. Mit einem Seufzer streckt er seine leeren und schmutzigen Hände nach Gott aus und überlässt sich ganz ihm. Und gerade so erfährt er einen Gott, der ihm in überfließender Güte begegnet.

Ich denke, beides lebt in uns, die Zöllner- und die Pharisäerseite. Wir sind Menschen, die sich gerne selbst darstellen und nach Beifall heischen, zugleich auch Menschen, die an sich selbst zweifeln. Gott aber liebt uns so, wie wir sind – nicht als die, die wir gerne sein möchten. Und er ist denen am nächsten, die ihn wirklich brauchen. Darum dürfen wir offen, echt und wahrhaftig vor ihm stehen und von ihm alles erwarten. Unter dem freundlichen Blick, mit dem Gott uns dann anschaut, wächst echtes Selbstvertrauen. Da haben wir es nicht länger nötig, uns auf Kosten anderer aufzuspielen. Verständnisvoller, geduldiger können wir miteinander umgehen, denn alle leben wir von der annehmenden Güte Gottes.

> Herr, lass uns die Wahrheit
> unserer Schuld erkennen
> und die Wahrheit deiner Güte erfahren!

Zum Verständnis der Gleichnisse Jesu

Die Redeform des Gleichnisses wurde seit alters in Israel gebraucht und war auch in den Erörterungen der Schriftgelehrten, die über den Sinn der biblischen Überlieferungen diskutierten, verbreitet und beliebt. Im Gleichnis wird entweder eine Geschichte erzählt, die an einen Vorfall anknüpft, der sich kürzlich abgespielt hat und den Hörern bekannt ist. Oder es wird von Geschehnissen und Lebensvorgängen gesprochen, wie sie sich des öfteren zutragen und aufmerksamen Betrachtern vertraut sind. Dann aber wird der Vergleichspunkt hervorgehoben, der anzeigt, worauf der Erzähler des Gleichnisses hinauswill. Damit werden die Hörer unmittelbar angesprochen. Mitten in den Erfahrungen ihres alltäglichen Lebens werden sie auf letzte Wahrheiten hingewiesen, die zu begreifen für die rechte Führung ihres Lebens entscheidend ist.

Solche Gleichnisrede kann dann so aussehen (2 Sam 12): Zum König David kommt der Prophet Nathan und erzählt ihm eine Geschichte: »Es waren zwei Männer in einer Stadt, der eine reich, der andere arm. Der Reiche hatte sehr viele Schafe und Rinder; aber der Arme hatte nichts als ein einziges kleines Schäflein, das er gekauft hatte. Er nährte es, dass es groß wurde bei ihm zugleich mit seinen Kindern. Es aß von seinem Bissen und trank aus seinem Becher und schlief in seinem Schoß, und er hielt's wie eine Tochter. Als aber zu dem reichen Mann ein Gast kam, brachte er's nicht über sich, von seinen Schafen und Rindern zu nehmen, um dem Gast etwas zuzurichten, der zu ihm gekommen war, sondern er nahm das Schaf des armen Mannes und richtete es dem Mann zu, der zu ihm gekommen war.« So weit die Worte, die der Prophet dem König vorträgt.

146

Davids Reaktion ist wie erwartet: Er gerät in Zorn über den Mann und sagt: »So wahr der Herr lebt: der Mann ist ein Kind des Todes, der das getan hat!« Solche Ungerechtigkeit, die zu rücksichtslosem Verhalten gegenüber einem Armen geführt hat, verdient schärfste Bestrafung. Aber »da sprach Nathan zu David: Du bist der Mann!« Gott hatte David alles gegeben, was er sich nur wünschen konnte. Doch damit war er nicht zufrieden: »Uria, den Hetiter, hast du erschlagen mit dem Schwert, seine Frau hast du dir zur Frau genommen...« Du bist der Mann – mit diesem kurzen Wort wird gesagt, worauf das Gleichnis abzielt. Das Bild, das in der Erzählung gezeichnet wurde, steht geschlossen und einprägsam da. Dann aber wird die Konsequenz gezogen, in der die Botschaft des Gleichnisses sich ausspricht. Ihr Wort trifft, so dass der Hörer nicht ausweichen kann, sondern sich stellen muss. Allein durch Umkehr und Einsicht, Änderung des Lebens und vertrauensvolle Hinwendung zu Gottes Wort kann die angemessene Antwort gegeben werden.

Auch Jesus redete in Gleichnissen, um seine Hörer in der Welt ihrer täglichen Erfahrung aufzusuchen und ihnen in einer Sprache, die jeder begreifen kann, seine Verkündigung nahe zu bringen. Ihren Inhalt fasst der Evangelist Markus, der als erster von Jesu Wirken und Predigen schriftlichen Bericht gegeben hat, in den kurzen Satz zusammen: »Die Zeit ist erfüllt, und das Reich Gottes ist nahe herbeigekommen. Tut Buße und glaubt an das Evangelium!« (Mk 1,15)

Mit der Ankündigung der kommenden Herrschaft Gottes und dem Aufruf zur Umkehr – das ist mit »Buße« gemeint – wird herausgestellt, was Jesus in seiner Predigt, in Sprüchen und Gleichnissen sagen will. Dabei wird ein Begriff aufgenommen, der in der endzeitlichen Erwartung der damaligen Zeit verwendet wurde, um die wunderbare Zukunft Gottes zu bezeichnen. Man sprach vom »Reich Gottes« oder vom

»Himmelreich«. Beide Ausdrücke sind ihrer Bedeutung nach gleich. Aus Ehrfurcht vor der Hoheit Gottes und in dem Bemühen, seinen Namen nicht unnütz zu führen oder zu entweihen, ersetzte man das Wort »Gott« durch andere Ausdrücke. Eines dieser Wörter war »Himmel«, der Ort, wo Gott wohnt. So wurde die Herrschaft Gottes als Herrschaft der Himmel bezeichnet. Oder es wurde davon gesprochen, es sei Freude im Himmel (Lk 15,7) beziehungsweise vor den Engeln Gottes (Lk 15,10), wenn gesagt werden sollte, Gott freue sich.

Jesu Ruf zur Umkehr wird als Einladung zur Teilhabe an der großen Freude ausgesprochen, der Freude Gottes. Das ist, wie wenn jemand nach langer Suche sein verlorenes Schaf wieder gefunden hat. Dann legt er es auf seine Schultern voller Freude. »Und wenn er heimkommt, ruft er seine Freunde und Nachbarn und spricht zu ihnen: Freut euch mit mir; denn ich habe mein Schaf gefunden, das verloren war.« Oder es ist so wie die Erfahrung jener Frau, die von zehn Silbergroschen einen verloren hat. Wenn sie ihn schließlich nach mühsamem Suchen gefunden hat, dann »ruft sie ihre Freundinnen und Nachbarinnen und spricht: Freut euch mit mir; denn ich habe meinen Silbergroschen gefunden, den ich verloren hatte.« Dieser Freude, die glücklich darüber ist, das Verlorene wieder gefunden zu haben, lässt sich Gottes Freude vergleichen, mit der er einen Sünder – einen in seiner Gottesferne verirrten Menschen – aufnimmt, wie ein Vater seinen heimkehrenden Sohn voller Freude in seine Arme schließt. Wo daher Jesu Ruf gehört und seine Einladung angenommen wird, da kehrt Freude ein. Ist doch endlich zusammengeführt, was auseinandergebrochen und voneinander getrennt war. Freude herrscht, wo Verlorenes wieder gefunden wird, ja Totes lebendig geworden ist. Denn vor Gott kann kein Tod, sondern nur Leben in Fülle sein.

Viele Gleichnisse Jesu setzen als Erzählung ein, wie eine Geschichte beginnt, die die Aufmerksamkeit der Hörer wecken möchte. »Ein Mensch hatte zwei Söhne« (Lk 15,11) – »Es gingen zwei Menschen hinauf in den Tempel, um zu beten« (Lk 18,10). Als Einstieg kann auch eine Frage gestellt werden. »Welche Frau, die zehn Silbergroschen hat und einen davon verliert, zündet nicht ein Licht an und kehrt das Haus und sucht mit Fleiß, bis sie ihn findet?« (Lk 15,8) Solcher Frage entspricht zustimmende Antwort: Natürlich, wäre ich an ihrer Stelle, so würde ich es genauso machen. Damit ist allgemeines Interesse gewonnen, so dass alle am Schluss begreifen: So ist es, so steht es mit der großen Freude Gottes über den heimkehrenden Sünder.

Eine größere Zahl von Gleichnissen Jesu wird mit einer formelhaften Wendung eingeleitet, die man sinngemäß so wiedergeben kann: »Mit dem Kommen der Gottesherrschaft verhält es sich wie mit folgender Geschichte« (wörtlich: »Das Himmelreich ist gleich einem ...«). Ähnliche Einleitungen wurden auch in Gleichnissen verwendet, wie sie Schriftgelehrte der damaligen Zeit erzählten, um wichtige Einsichten des Glaubens oder Hinweise auf rechtes Verhalten im täglichen Leben zu vermitteln. Die vollständige Einführung eines Gleichnisses konnte dann so lauten: »Ich will dir ein Gleichnis erzählen. Womit lässt sich die Sache vergleichen? Es verhält sich wie mit folgender Geschichte.« Die Hörer werden so dazu angeleitet, in der anschließenden Gleichniserzählung den springenden Punkt zu erfassen. Jesus schließt in seinen Gleichnissen vielfach an diese Form an, indem er gleich zu Beginn darauf aufmerksam macht, wo der entscheidende Gesichtspunkt zu finden ist, auf den es in der Erzählung ankommt.

Wie ist es also mit dem Kommen der Gottesherrschaft? »Mit dem Reich Gottes ist es so, wie wenn ein Mensch Samen aufs Land wirft und schläft und aufsteht Nacht und Tag; und der Samen geht auf und wächst – er weiß nicht, wie. Denn von selbst bringt die Erde Frucht, zuerst den Halm, danach die Ähre, danach den vollen Weizen in der Ähre. Wenn sie aber die Frucht gebracht hat, so schickt er alsbald die Sichel hin; denn die Ernte ist da.« (Mk 4,26-29) Hier wird nicht ein Prozess langsam fortschreitenden Wachstums beschrieben. Denn der Bauer ist an dem, was geschieht, nur am Anfang und am Ende beteiligt. In der Zwischenzeit kann er nichts zum Gelingen beitragen, nur schlafen und am Morgen wieder aufstehen. Ohne sein Zutun kommt es zur Ernte, die mit dem Prophetenwort von Joel 4,13 als Eingreifen Gottes dargestellt wird: »Greift zur Sichel, denn die Ernte ist reif!« Dann ist Gottes Zeit da.

Im Gleichnis wird also nicht der Vorgang einer Entwicklung ins Auge gefasst; sondern Anfang und Ende werden einander gegenübergestellt, um den Kontrast hervorzuheben. Wachsen und Reifen wurden in der alten Welt nicht einfach als Folge eines natürlichen Prozesses verstanden, sondern auf Gottes wunderbare Tat zurückgeführt. Das Samenkorn wird in die Erde gelegt und muss sterben, Gott aber weckt neues Leben und führt Frucht und Ernte herauf (vgl. 1 Kor 15,36-38; Joh 12,24). So ist auch in unserem Gleichnis von einem wunderbaren Geschehen die Rede, das Gott durch seine Leben schaffende Kraft wirkt. Ohne dass irgendein Mensch es hindern oder beschleunigen könnte, kommt es zur Ernte. So wunderbar lässt Gott seine Herrschaft anbrechen. Die feste Zuversicht derer, die dieser Zusage vertrauen, ist daher dessen gewiss, dass nicht wir Menschen, sondern Gott allein Ziel und Ende setzt.

Die Gleichnisse von der Herrschaft Gottes handeln also nicht von einem innergeschichtlichen Vorgang, der das Wachsen oder Bauen des Reiches Gottes beschriebe; sondern am Kontrast von Saat und Ernte soll das göttliche Wunder veranschaulicht werden. Das Kommen der Gottesherrschaft ist daher weder das Ergebnis geschichtlichen Wachsens noch das Schlussglied einer stetig voranschreitenden Entwicklung, sondern es geht um das Ende der Geschichte und den Anbruch der Herrschaft Gottes, mit der er sein Regiment sichtbar über alle Welt aufrichtet. Dann wird ein königliches Festmahl veranstaltet, zu dem hereingebeten wird. Manche lehnen ab, weil sie diese oder jene Entschuldigung vorzubringen haben. Aber von den Landstraßen und Zäunen werden Leute zusammengeholt, die das Haus füllen und an der festlich gerichteten Tafel Platz nehmen. Eine eigentümliche Gesellschaft ist da beieinander: Nicht diejenigen, die man sonst bei besonderen Anlässen üblicherweise antrifft; sondern Menschen, die meist übersehen werden oder verachtet sind, haben den Ruf gehört. Sie sind gekommen und haben sich mit der überwältigenden Gabe der göttlichen Barmherzigkeit beschenken lassen (Lk 14,16-24).

Was bedeutet dieses Geschenk der göttlichen Barmherzigkeit? Im Gleichnis von den Arbeitern im Weinberg (Mt 20,1-16) wird davon erzählt, wie der Besitzer eines Weinbergs im Lauf eines langen heißen Tages immer wieder Arbeiter angeworben hat, die bei der großen Ernte helfen sollen. Am Abend wird Lohn ausgezahlt. Unbeschadet der unterschiedlichen Arbeitszeit, die sie abgeleistet haben, erhalten am Abend alle Tagelöhner denselben Lohn. Auf den Protest derer, die den ganzen Tag gearbeitet haben, antwortet der Eigentümer des Weinbergs: »Mein Freund, ich tu dir nicht Unrecht. Bist du nicht mit mir einig geworden über einen Silbergroschen (d. h. den üblichen Tagesverdienst)? Nimm, was dein ist, und geh! Ich will aber diesem letzten dasselbe geben wie dir. Oder habe ich nicht Macht zu tun, was ich will, mit dem, was mein ist? Siehst du scheel drein, weil ich so gütig bin?« Wie jedem gegeben wird, was er braucht, so wendet Gott seine schenkende Güte allen zu, ohne sie abzustufen. Man kann nur angenommen oder nicht angenommen sein, aber nicht die Barmherzigkeit in verschiedenen Graden oder Stufen erhalten.

Der Ruf zur Umkehr will nicht überhört oder beiseite getan, sondern angenommen und in entschiedener Bejahung befolgt werden. Warum es darauf ankommt, den Ruf der Stunde nicht zu verfehlen, wird im Gleichnis vom unehrlichen Verwalter gezeigt (Lk 16,1-13). Ein Verwalter, der seines Amtes enthoben werden soll, steht vor der Frage, was er tun soll. Graben kann er nicht und zu betteln schämt er sich. So ruft er die Schuldner seines Herrn und gewährt ihnen Schuldennachlass, »damit sie mich in ihre Häuser aufnehmen, wenn ich von dem Amt abgesetzt werde«. Am Ende heißt es: »Und der Herr lobte den ungetreuen Verwalter, weil er klug gehandelt hatte.« Dieser Satz bezieht sich auf Jesu Urteil, das er am Ende spricht. Doch verwundert es, dass er den unehrlichen Mann lobt. Möglicherweise hat Jesus hier an einen Vorfall angeknüpft, der sich kürzlich zugetragen hatte und mit verwundertem Erstaunen zur Kenntnis genommen worden war. Wie sollte man über das Verhalten jenes Verwalters denken? Keineswegs kann er als moralisches Vorbild gelten – im Gegenteil, er ist mit anvertrautem Gut leichtfertig umgegangen und war nur auf seinen eigenen Vorteil bedacht. Aber gerade dann – so will Jesu abschließende Feststellung besagen – kann man etwas Wichtiges lernen: was es heißt, »klug« zu handeln. Klug ist, wer sich so verhält, dass er die Zukunft gewinnt. Klug war auch jener Mann, der sein Haus auf einen Felsen baute. Denn als der Regen fiel, die Wasserströme kamen und die Winde wehten und an das Haus stießen, da fiel es nicht um, weil es auf Fels gegründet war (Mt 7,24-27; Lk 6,47- 49). Das also kann das anstößig wirkende Vorgehen jenes Verwalters zeigen, der vor seinem Ruin steht und nun alles auf eine Karte setzt, um für seine Zukunft Vorsorge zu treffen: Klug gehandelt wird dann, wenn der Ruf gehört und die erforderliche Entscheidung zur rechten Zeit getroffen wird.

Die Zukunft gewinnt nur, wer sich dem Kommen der Gottesherrschaft zuwendet. Er wird bereit sein wie die Knechte, die auf ihren Herrn warten, oder wie die Brautjungfern, die mit hinreichend Öl für ihre Lampen versehen sind, um beim verspäteten Eintreffen des Bräutigams zur Stelle zu sein. Wer aber der irrigen Meinung nachhängt, als könnte er aus eigener Kraft den Sinn seines Lebens sichern, der wird jenem reichen Kornbauern gleich sein, der seine Scheunen abbrechen und größere aufrichten ließ, um seine üppige Ernte unterbringen zu können. Zu ihm spricht Gott: »Du Narr! Diese Nacht wird man deine Seele von dir fordern; und wem wird dann gehören, was du angehäuft hast?« Darum will der Ernst der Entscheidung, die zu treffen ist, begriffen und die Zeit genutzt sein.

Jesu Gleichnisse sprechen unmittelbar in die Wirklichkeit des Lebens hinein, in der seine Hörer sich befinden. Man sieht den Bauern vor sich, wie er mit einfachem Gerät das Feld bestellt und die Ernte einbringt. Von Weinlese, von Lohnzahlung, von der Straße von Jerusalem nach Jericho und dem Aufgang zum Tempel ist die Rede. Samariter und Juden, Pharisäer und Zöllner, Männer und Frauen werden genannt. Und ein Hirt macht sich auf den Weg, um in einsamem Gelände einem verirrten Schaf nachzugehen. Wer diese Erzählung hört, kann begreifen, dass es um die Wirklichkeit des eigenen Lebens geht, so dass jeder Hörer sich erschrocken fragen mag, an welcher Stelle des vor ihm entworfenen Bildes er seinen Platz finden mag. Denn das wird er verstehen: Du bist der Mann, du bist die Frau – ich bin es!

Die Zeitgenossen Jesu konnten beim Hören seiner Gleichnisse sogleich erkennen, dass durch bestimmte Bilder und Begriffe auf die tiefere Beziehung hingewiesen wird, um die es in den Gleichnissen geht. Denn das wussten sie aus der biblischen Sprache des Alten Testaments: Wird von Saat und Ernte gesprochen, so geht es um Gottes Eingreifen und sein Gericht. Ist vom Weinberg die Rede, so ist an Israel als das von Gott erwählte Volk zu denken. Und wird die liebevolle Güte des Vaters beschrieben, so wird darin Gottes unergründliche Barmherzigkeit sichtbar, die ohne Ansehen der Person allen Menschen gilt und niemanden ausschließt. Mitten in der Welt, wie sie von jedem erfahren wird, leuchtet die Wirklichkeit Gottes auf, die unser Leben prägend bestimmen möchte. Geht es doch nicht um irgendwelche Vorkommnisse, sondern um das Handeln Gottes, das die Welt verändern und erneuern will. Darum der Weckruf: »Wer Ohren hat zu hören, der höre« (Mk 4,9)!

In den Evangelien werden nicht nur Gleichnisse Jesu überliefert, wie er sie einst gesprochen hat, sondern es wird zugleich aufgewiesen, dass der, der einst jene Geschichten erzählte, der lebendige Herr ist, auf den seine Gemeinde vertraut. Nicht als Dokumente einer fernen Vergangenheit wollen daher Jesu Gleichnisse betrachtet werden, sondern sie möchten als Stimme des Herrn zu Gehör gelangen, der durch den Mund seiner Zeugen das Wort nimmt und Antwort von uns will. Dann mag die Reaktion derjenigen ähnlich sein, wie sie der Evangelist von den Hörern der Bergpredigt beschreibt: »Und es begab sich, als Jesus diese Rede vollendet hatte, dass sich das Volk entsetzte über seine Lehre; denn er lehrte sie mit Vollmacht und nicht wie die Schriftgelehrten« (Mt 7,28-29).

Verzeichnis der Mitarbeiterinnen und Mitarbeiter

Bannach, Dr. Klaus, Pfarrer i.R.	Tübingen	Mt 24,32-36
Baur, Wolfgang, Direktor	Ludwigsburg	Mk 12,1-12
Brutscheck, Dr. Jutta,Referentin	Erfurt	Lk 15,8-10
Deichmann, Christa, Dipl.Psych.	Detmold	Mt 24,45-51
Dienst, Dr. Karl, Professor, OKR i.R.	Eberstadt	Mk 4,1-9; Mk 4,13-20
Falcke, Dr. Heino, Propst i.R.	Erfurt	Lk 13,22-30
Freckmann, Klaus, Pastoralreferent	Bremen	Lk 20,9-18
Geist, Heinz, Spiritual	Würzburg	Mk 4,26-29
Greim, Horst, Kirchenrat i.R.	Eisenach	Mt 13,44-46
Hahne, Barbara, Hausfrau	Neukirchen-Vluyn	Lk 7,36-50
Hasselhorn, Johannes, OLKR i.R.	Hermannsburg	Mt 11,16-19; Lk 12, 39-40; Lk 14,12-14; Die Gleichnisse bei Mt, Mk, Lk
Hasselhorn, Jost MA	Berlin	Lk 19,11-27
Hillenbrand, Dr. Karl, Generalvikar	Würzburg	Lk 12,42-48
Hirschler, D.Horst, Landesbischof	Hannover	Lk 13,6-9; Lk 13,18-21
Kindt-Siegwalt, Dr. Irmgard, Lehrerin	Strasbourg	Lk 17,7-10
Kraft, Dr. Sigisbert, Bischof i.R.	Waghäusel	Mk 13,14-32; Mk 13,33-37
Knoll, Günter, Pfarrer	Herrenberg	Mt 13,47-50
Krusche, Dr. Werner, Bischof i.R.	Magdeburg	Mt 25,14-30; Mt 25,31-49; Lk 14,15-24; Lk 14,25-35; Lk 15,1-7; Lk 15,11-32
Lachenmann, Hanna, Diakonissin	Frankfurt	Mt 20,1-16
Lemke-Seppälä, Marjatta, Designerin	Hamburg	Lk 14,7-11
Lohse, D. Eduard, Prof., Bischof i.R.	Göttingen	Lk 6,47-49; Vorwort; Zum Veständnis der

156

		Gleichnisse Jesu
Lutz, Bertold, Prälat	Würzburg	Lk 21,29–33
Mantels, Helga, Oberin	Kassel	Lk 7,31-35
		Lk 11,5-8
Merklein, Dr. Helmut, Professor	Wachtberg	Mt 21,33-46;
		Lk 16,19-31
Möhring, Dr. Marianne, Journalistin	Augsburg	Mk 4,30-34
Müller, Beda, Pater OSB, Abtei	Neresheim	Lk 11,24-26
Nuber, Anette, Pfarrerin	Wilhelmshaven	Lk 12,13-21
Odin, Karl (verst.) Redakteur	Frankfurt	Mt 21,28-32;
		Mt 22,1-14
Orth, Gerhart, Krankenhauspfarrer	Oldenburg	Lk 10,25-37
Ritt, Dr. Hubert, Professor	Würzburg	Mt 18,23-35;
		Lk 8,4-15
Schlatter, Theo, Dekan i.R.	Tübingen	Mt 13,31-35
Schober, Dr. Theodor, Prof., Präs.i.R.	Göttingen	Mt 7,24-27;
		Mt 13,1-9.18-23;
		Mt 13,24-30; 36-43;
		Mt 18,12-14;
		Mt 24,42-44;
		Lk 16,1-9
Stottele, Christoph, Redakteur	Frankfurt	Mt 12,43-45
Weidauer, Ruth, Pfarrerin i.R.	Stuttgart	Lk 18,1-8;
		Lk 18,9-14
Ziegler, Hans, Pfarrer i.R. (verst.)	Stuttgart	Mt 25,1-13

Bibelstellenregister

Die Bibeltexte sind wiedergegeben aus der Einheitsübersetzung
der Heiligen Schrift
© 1980 Katholische Bibelanstalt, Stuttgart

Die Deutsche Bibliothek – Einheitsaufnahme
Du bist eingeladen ... : alle Gleichnisse Jesu vom Reich Gottes / hrsg.
von Maria Jepsen ... - Stuttgart : Kreuz-Verl. ; Stuttgart : Verl. Kath.
Bibelwerk, 1998
ISBN 3-7831-1657-0 (Kreuz Verl.)
ISNB 3-460-33132-1 (Verlag Katholisches Bibelwerk)

1 2 3 4 5   02 01 00 99 98

© Kreuz Verlag GmbH & Co. KG Stuttgart 1998
Postfach 80 06 69, 70506 Stuttgart, Tel. 0711/ 78 80 30
Umschlaggestaltung: Jürgen Reichert, Stuttgart
Umschlagmotiv: Pfingstbild, 12. Jh., Detail
Satz: Rund ums Buch, Rudi Kern, Kirchheim/Teck
Druck und Bindung: Graphischer Großbetrieb Pößneck
ISBN 3 7831 1657 0 (Kreuz Verlag)
ISNB 3 460 33132 1 (Verlag Katholisches Bibelwerk)